情商高的女人会说话

富强 / 编著

中国华侨出版社
·北京·

生活中常出现这样一种情况，明明是不情愿，却不懂得怎么拒绝别人；有晋升的机会，却因为无法准确地表述，得不到领导的赏识；心里爱着对方，却因为表白太过羞涩生硬，得不到对方的喜欢；社交场合，因为一两句话没说好，遭受客户的冷落……对很多女人来说，口才确实是一门必修课。真诚得体的说话方式，能创造语言的"强磁场"，起到拉近心理距离的作用；而投合听众的兴趣，用准确的措辞表达个人思想，更能增强沟通效果，让人产生信服感。

不是所有的女人都生得人见人爱、倾国倾城，但好口才却可以为你增姿添彩。说话，是一种艺术，具有极大的魅力，一言可以改变命运，一语能够收获幸福。好口才不仅能体现出女性的思想观念，还可以体现出她的性格，以及反应能力、处世能力和思考能力。对于现代女性来说，掌握良好的口才和说话技巧，不仅能收获人际关系的和谐，还会推动事业的发展，获得人生的幸福。

对女性而言，好口才是增加自身魅力的砝码。一个口才好的女人，必定能够将自己的智慧、博学、能力、内涵淋漓尽致地展现在众人面前，从而使自己赢得更多人的喜爱。口才好的女人具有较强的交际能力，会在社会竞争和实际生活中处于主导地位。在女性的一生中，从恋爱到结婚，从求职到升迁，从交友到闲聊，无不需要说话的能力。一个善于沟通的女人，对所有人来说，都有一种难以抗拒的吸引力。如果口才不好，也请不要为此耿耿于怀，你完全可以通过修炼来完善自己的口才，为你的魅力加分。

本书从女性的视角，并结合女性的心理、性格特点等不同方面，将工作、生活和社会交往中的口才智慧娓娓道来，并通过大量生动实用的事例、透彻的分析，从多个角度介绍了把话说好的方法与技巧，帮助女性提升自身的语言表达能力，赢得幸福的人生。

目录

第五章

暖语破冰，让人如沐春风

第六章

仪态万方，会用身体语言

第十章

成熟纯美，做个贤惠的好女人

第一章

会说话是成功女人的必备法宝

要掌握沟通技巧

语言是人与人之间最基本的沟通工具，语言的魅力就在于它能够影响人际关系的和谐，甚至会影响一个人事业的发展和人生的幸福。卓越的口才、有技巧的沟通方式，不仅是家庭幸福的法宝，更是事业上披荆斩棘的利剑和增添自身魅力的有效途径。

> 出色的相貌是女人与生俱来的一种竞争力，亚里士多德说过，漂亮比一封介绍信更具有推荐力，也更容易被人们接受。事实也的确如此，已经有统计显示，美丽的女人取得成功的概率一般相对较高。除了容貌，会说话也是女人的一种资本。事实上，语言技巧比美貌更具优越性，因为美貌会随着年龄增长而消逝，并且有很大的遗传因素，而口才和沟通能力却不会随着年龄增长而消逝，并且可以靠后天培养。天生貌美如花的女人毕竟不多，女人要想脱颖而出，锻炼自己良好的沟通能力是很有必要的。

小吴和小雨是一对新婚夫妻，但双方家庭背景、生活习惯的不同使他们结婚不久就矛盾不断，经常是两天一小吵，三天一大吵。这让小雨的妈妈看在眼里，急在心里。没办法，老人家就单独找小雨聊了聊，让她不要那么暴躁，要心平气和地跟丈夫交流。

一天，小吴趁着妻子不在家，请了好多朋友在家吃喝玩乐，家中杯盘狼藉。小雨回来后当然十分生气，把小吴的朋友全都赶走了。朋友一走，小夫妻的内战就爆发了。两人针锋相对，谁也不肯相让。

争吵间，小雨想到了妈妈的提醒，就决定试一下。她去洗手间冷静了一下，内心安慰自己道："两个人在一起过日子，吵来吵去有什么意思呢？刚刚的事固然是他有错在先，但我也没能控制住自己的脾气，让他在朋友面前难堪。算了，这次就当我让着他，不和他赌气了。"做完一番思想建设的小雨，出来后看到坐在沙发上生闷气的小吴，轻轻地说："老公，刚刚我没给你留面子，是我做得欠妥，但我当时真的太生气了。这是我们生活的家啊，被他们弄得乱糟糟的……总之，我向你道歉。"

小吴本来一直抿着嘴，眉目间隐有怒气，结果听到妻子这样一说，表情一阵错愕，张了张嘴，脸红道："不不，刚才不怪你，是我太好面子，才没有让他们收敛些，是我的不对。老婆，其实每次吵完架我都知道自己也有过错，但我就是张不开嘴先向你道歉。现在你这么宽宏大量，我反而更心疼你了，以后我们有话敞开说，再也不吵架了好不好？"

小雨看着自己老公这副认真又无措的模样，觉得可爱极了，不禁展颜一笑，之前压下的怒气瞬间烟消云散。

自此之后，两个人总是会在有冲突的时候不让矛盾激化，夫妻感情也越来越好。小雨的妈妈见状真是说不出来的高兴。

小雨在这里就运用了以退为进、将心比心的沟通技巧，她先是承认自己的做法也有不妥之处，获得对方心理上的认同，然后合情合理地劝说自己的老公，老公只要不傻，就会知道这是妻子在给自己台阶下，是妻子在让着他，而不代表他真的没有任何问题。在感动和惭愧交加之下，他哪里还会有怒气？有的只是对妻子的欣赏和喜欢。如此一来，两人的矛盾自然就消弭于无形了。如果小雨一直跟小吴争吵，针锋相对，互不相让，最后的结果很可能是两败俱伤，婚姻惨淡收场。

小雨在妈妈的开导下，转变自己的说话方式，很快就改善了自己与老公之间的关系。可见，将沟通技巧运用到生活中，能够起到立竿见影的效果。

当然了，沟通技巧不仅仅是应用在家庭生活中。如今的女人，她们走出了家庭，步入了社会，成为干练的职场佳人，也有许多成为叱咤商场的职业女强人。在这个节奏飞快、竞争激烈的社会中，女人若想成功，就需要具备很强的语言沟通能力。这种良好的沟通本领并非来自天赋，而是需要女人运用独特的敏感和悟性，还需要在工作中不断地总结、思考，与自己的工作融会贯通。

王茜在一家时装店做售货员。有一次，一个顾客找上门来，说她买了一套衣服，结果这套衣服的上衣褪色，染红了她的白衬衫。王茜本就烦躁，听完顾客说的情况后，不耐烦地说："我们卖了几千套这样的衣服，你是第一位找上门来抱怨衣服质量不好的人。"

顾客一下子就恼了，语气有点儿不好："你的意思是说，你们的衣服有质量上的缺点，别人不能指出来吗？有了缺点不承认，有这样的商家吗？"

王茜没好气地说："那也是没有办法的，那种价格的衣服，掉颜色是很正常的问题。"

顾客更加生气了："价格低就一定会掉色吗？你们宣传的可是物美价廉啊！反正我不要了，你们把这件衣服退了，随便扔到什么地方，快点儿给我退钱！"

吵得正凶的时候，李经理走了过来，对王茜说："你先去休息一下，我来处理。"王茜走了之后，李经理转过头对顾客解释道："我看了，您的衬衣领子确实是因衣服褪色而弄脏的，如果我们之前提醒您衣服可能会存在的问题，那样就不会弄脏您的衬衣了。非常抱歉。您想怎么处理，我们一定配合。"

顾客原本只是抱怨两句，并不是真的要退货，衣服掉色的问题也不是大问题。听到李经理的话之后，顾客问道："这套衣服式样我挺满意的，但是我担心以后还会再染脏其他衣服，而且掉色严重的话，过段时间就会很难看了。能否再想点儿其他办法？"

李经理微笑着回答："这种衣服第一次洗很容易掉色，但是之后就不会了。您再穿一星期，如果还不满意，可以把它拿来，我们一定解决。"

最终，顾客满意地离开了时装店。一星期后，她也没有再来。经过这件事之后，王茜也从经理那里学到了一些跟顾客打交道的技巧，说话做事越来越得心应手。

王茜在与顾客交谈的时候有一种抵触心理，她觉得顾客是来找事儿的。李经理就更懂得与顾客沟通的技巧，她先是承认错误，平息对方的不满，然后向对方提出最为合理的解决办法，向对方做出保证。这样一来，顾客的愤怒情绪得到了缓解，自然会选择比较合理的处理方法。其实，只要你心平气和地与对方就事论事，完全能够获得对方的谅解。

不仅是家庭生活和生意交流上，平时我们在和朋友们沟通的时候，也应该注意对方的心理特征，让沟通变成一件愉快的事情。在交谈当中如果只是生硬地将自己的想法说出来，是得不到他人认同的。聪明的女人在与人沟通时，言语会温润而委婉，表达柔和而不软弱，沟通顺畅却不唐突。懂得了与人沟通的艺术，才能为自己的成功增加砝码。

愉悦的人生，说话来决定

优雅的谈吐，是学问、修养和才智的流露，是女性魅力的体现。在现实生活中，我们会发现，会说话的女人在工作中更能得到领导的关爱和同事的喜爱，在生活中也会得到长辈的疼爱、晚辈的敬爱和丈夫的宠爱，会说话的女人似乎干什么都顺风顺水、好运不断。可见，一个愉悦的人生和会不会说话有很大的关系。

对于女人而言，家庭幸福很重要。在现实生活中，是否能得到丈夫的疼爱，在很大程度上影响了一个女人一生的命运。婚后被柴米油盐的琐碎生活磨掉了爱的激情，会变得不像昔日那样爱说甜言蜜语。如果想在丈夫面前永葆魅力，就一定要会说话，而且还要说得他心花怒放、心服口服，这样丈夫自然会对你言听计从、疼爱有加。

叶子和老公本来约好下班出去吃饭，可叶子因为工作忙，一时不能按时赴约。叶子的老公非常讨厌别人迟到，此时正气呼呼地坐在餐厅等着迟迟不到的叶子。叶子忙完工作后赶到饭店，看到老公一脸不高兴的样子，心里想出了一个办法，于是慢慢走过去说道："老公，我刚才赶过来的时候，又饿又冷的，公司一直让加班，我尽量赶完，可是还是迟到了，真是不好意思。"老公此时也不记得她有没有迟到的事了，看着一脸无辜的叶子，急忙说道："一定饿了吧？出门的时候得多穿点。"

叶子的一席话，将丈夫心里的不满瞬间抹去，取而代之的是对妻子的疼爱。原本可能导致夫妻吵架的事件，变成了夫妻间甜言蜜语的催化剂。试问这样的女人又怎么能得不到老公的爱，又怎么会不好命呢？可见，女人会说话，会使夫妻关系更加和谐，生活更加甜蜜。所以，会说话的女人，家庭生活会更加幸福。

女人的容貌是天生的，但是优雅的谈吐和机智的表达却是后天可以培养出来的。聪明的女人不仅注重外表的装扮，更注重自己语言的表达能力。她们能够用言语说服自己的领导，博得父母的欢心，获得丈夫的关心和朋友的爱心，有了这些人的支持，做起事来自然得心应手，平时的工作生活也会非常舒心。

因此我们说，女人幸不幸福在很大程度上是由说话决定的。会说话的女人总会让周围的人觉得很舒服，她们与人交流的时候能够巧妙地把握分寸，在不同的场景中扮演着不同的角色，而且是受欢迎的角色。如此，幸福就会向她们敞开大门。

别人为什么不愿和你说话

会说话并不是把自己心里想的话说出来那么简单，而是要让别人愿意倾听，愿意和你交流。无论是在生活中还是在工作中，会说话总是能够赢得大家的喜爱，不会说话则容易受到大家的排斥。

那么，为什么很多人说话会让人厌烦？这就是因为有的人没有注意自己的说话习惯。对于女人而言，有两点是需要特别注意的，这两点是女人说话最容易犯的错误，也是引起别人厌烦的重要原因。

第一，有的女人太能说话，喋喋不休。短时间内大家还可以忍受，但时间长了，这样的人就变成了大家讨厌的对象，没有人愿意和她们说话。

女性的心思比较细，注意的问题比较多，因此话也比较多、比较杂。聪明的女人应该在展示自己口才的同时，学会收放自如的说话方式，时刻注意显露自己的矜持女性美。比如在单位或者公司，有的女孩平时虽然话不多，但在与人交流时并不羞怯，该说的话她们会说得简洁体面，不该说的话则一字不提。这样的女孩子既容易交流又不会让人觉得厌烦，很容易讨大家喜欢。还有一些女人则是典型的话痨，特别爱说话，而且特别爱在同事背后说三道四，对公司的规定也是妄加评论。时间长了，大家不免会觉得烦，进而远离这样的同事。

爱说话本身没有错，但是作为女人，优雅与矜持是必不可少的。当你的话已经让别人避之唯恐不及时，你就会被孤立起来。在现代社会竞争激烈的大环境中，女性承受着比以往更大的压力，更要学会把爱表达的冲动转换成会表达的能力。管好自己的嘴，戒掉言语上争强好胜的坏习惯，才能为自己博得一个好人缘。

第二，有的女人在与人交谈的时候往往喜欢说负面的话，这是引起别人厌恶的第二个重要原因。

燕子最近很心烦，她总感到自己融入不了别人的圈子，而且大家好像有意在排斥她。她挺愿意和别人亲近，但是同事们似乎不愿意和她说话。为此，她向一个比较熟悉的同事询问。同事看她十分诚恳，就语重心长地和她说："其实是你总喜欢说一些拆台的话，让别人觉得心里不舒服，所以大家才都不愿意和你说话。"

同事给燕子举了个例子。一次公司聚会，王芳穿了一件裙子非常好看，大家就问她是在哪儿买的、多少钱。王芳说是在一个大商场买的，要一千多，大家都说好贵，但也值，因为真的好看。只有燕子说了一句"我不相信"，而且她说出来的理由也不能让大家信服，这让王芳很尴尬，聚会的气氛也被破坏了。

同事告诉燕子，她平时特别喜欢说这句"我不相信"。或许这样说话是无意的，但是会让听到的人感到难堪。燕子这时才恍然大悟。从此，燕子便有意识地不再说那句"我不相信"，而是改成了更真诚的、善意的语言。情况很快就发生了转变，同事们不再拒绝和她说话。

在现实生活中，如果哪位女性也觉得自己在交际圈中不是很受欢迎，就应该自我检讨一下，为什么别人不愿意和你说话呢？是你的话太过于尖酸刻薄，还是你太过于唠叨？总之，作为女人，柔和而优雅的谈吐是你在社会上立足的一项基本技能。别人不愿意和你说话总有原因，只有细心去领悟，才能找到症结，改掉毛病，解决交际中出现的问题。

多说肯定的话

会说话的人口吐玫瑰，不会说话的人张口伤人。会说话的女人能用温润的话语融化人与人之间的隔阂，直接深入对方心里，让人不自觉地听她的话。

在社会交际过程中，女人怎样才能挥洒自如、灵活应对呢？成功女性不仅口才了得，还有主见、有能力，当她们想要说服别人为自己办事，或者想要改变别人的某些想法时，总是能以肯定的话语开头，最终定会轻而易举地达到目的。

> 肯定别人就是成就自己，会办事的女人深谙此道。为人处世，多一些肯定、赞扬、鼓励，少一些否定、抱怨、泼冷水，你的路也会好走一些。即使接下来的内容全部是否定的，你也要先给一颗糖。

李焕丽是一家汽车经销公司的服务经理，每当她发现属下犯错误或工作没有做到位时，从来都没有当众训斥过他们，而是把下属叫到公司的休息区，边喝咖啡边聊天。而且，这样的谈话往往开头都是一样的，"你最近工作很努力，成绩有目共睹，客户都很满意。但是……"虽然重点从来都是"但是"后面的话，但李焕丽从来都不会一上来就把下属哪些地方做得不好说出来，而是先肯定对方的成绩，再把不足之处指出来。这样一来，既不会让对方觉得难堪，又会让他很有成就感，他会记住经理指出的问题，并很快改正。这样的处事方法让李焕丽在公司员工中颇有威信，部门的销售额也是节节攀升。

一次，有一位员工的工作每况愈下。然而，李焕丽并没有指责或者威胁他，而是把他叫到办公室，跟他进行了坦诚的交谈。

李焕丽是这样说的："宋师傅，你是一位很棒的技工，在现在的这条生产线上工作也有好几年了，你修出来的车子也让顾客很满意。事实上，有很多人赞扬你的工作能力。只是最近，你完成一件工作所需的时间好像变长了，而且质量也比不上以前的水准了。你以前真是一位杰出的技工，我不是很了解你的情况，你是遇到了什么困难吗？也许我们可以一起来想一个办法，解决这个问题。你认为呢？"

宋师傅说："我前一段时间状态不好，做事有点儿敷衍，经你一提醒我就认识到错误了。我不能越做越倒退，李经理放心，我一定会调整好状态，做好工作的。"

李焕丽明知道宋师傅工作态度出了问题，但是并没有直接指出他的错误，而是先肯定他的能力，赞扬他曾经是一位优秀的技工。等到提出了他工作上的问题之后，李焕丽也没有直接指责，而是询问他有什么困难，表示自己可以帮他解决困难。宋师傅如果只是工作态度的问题，一定会马上认识到自己正在走下坡路，如果有了困难，也刚好可以说出来。大家的目的就是解决工作中的问题，这样的说话方法真是恰到好处。

越是成功的女人在跟人说话的时候，越不会伤害对方的自尊。要多说一些正面肯定他的话，让他高兴，这样要比说一些激烈的言辞效果好得多。比如，你的某个朋友对读书非常感兴趣，即使你不喜欢，也不打算跟着去看书，也应该说句"爱好读书很好啊，既可以开阔视野又可以修身养性"。朋友听了很高兴，至于你去不去，他并不在乎。倘若你说"真是闲得不耐烦了，看什么书啊"，朋友听后肯定会生气。前者是顺情说好话，后者是逆情说坏话；前者是与人为善会说话，后者是"以我为中心"不会说话。当然，也不是让你低三下四地哀求别人，这是一场智斗，是一种心理上的较量。

以肯定话语开头的讲话方式，既以说服对方为目的，但是又不直接批评，而是肯定对方做得好的地方，先称赞，等到对方放下戒备心理之后再进行说服。由于事先给足了对方面子，引出了对方的认同感，说起来就更有吸引力、说服力和感染力。结果既达到了目的，又让人如沐春风。

第二章

修炼女人味儿，才能口吐兰香

优美的声音是事业和交际的助力

声音是女人的第二张脸，或圆润，或柔媚，或甜美，都能够在很大程度上影响女人在社交场合的表现。有的时候，女人的声音甚至比思想更重要，能够很容易被周围的人接受。比方说，一个女人，如果声音甜美，即使她思想简单，别人也会说她单纯；反之，一个女人如果声音难听，尽管很有头脑，话说多了别人也会感觉不耐烦。

一般来说，我们平时谈及女人的时候，大多会说外表和性情，经常会忽略了声音。这是一种认识上的错误，首先，声音在给人留下印象的时候，绝对能够同外表并列。有心理学家曾研究证明，一个人对外界事物的感知和印象大约有14％靠听觉完成。想一想，在通信技术发达的现代，你与友人或者合作伙伴更多的交流是通过声音呢，还是通过眼神和表情呢？

其次，声音也是性情的一种外在体现，性子急躁的女人说话绝不会温润柔美，温柔善良的女子说话绝不会冷酷难听。

因此，人们对于女人优美的声音的喜爱是不容置疑的，如果女人的声音中总是显出过分的不可一世或是嘈杂细碎，就会给人一种骨鲠在喉的感觉，一旦一个人对你的声音产生反感，你还怎样与他进一步交流，并让他乐意听从你的意见呢？

孙雯雯在一家广告公司业务部门工作，进公司以来，她一直任劳任怨。但是，跟孙雯雯同时进公司的新员工纷纷升职，她却原地踏步。孙雯雯非常不解，跟自己的好朋友刘芊发牢骚。刘芊笑着说："你说话声音这么尖锐，我要是经理，我也不敢安排你负责谈客户，你要是控制一下就好了。"

经过和刘芊的深入聊天，孙雯雯才了解到，自己的说话声音太大、尖锐刺耳，确实让人很难受。于是，孙雯雯在之后的工作中特别注意自己的说话发音，尽量放慢，尽量轻声。一段时间之后，孙雯雯的声音不那么刺耳了，在与客户交流或者汇报工作的时候，她能够使自己的声音听起来沉静有力，很有节奏。声音的问题解决了，加上孙雯雯办事踏实，她越来越被上司和商业伙伴认可，事业节节攀升。

因此，女人想要练就好口才，首先要想办法修炼出独特优美的声音，这是抓住别人耳朵的第一步。音色、语调、语速等因素，完全能够影响别人对你的判断，进而影响你的生活和工作。

孙芳菲是某公司的业务员，她说话的声音非常优美，温婉而不失清脆，柔媚而不失简洁。领导不止一次在公开场合表扬过她："小孙汇报工作的时候，声音清脆，非常好听，这样的声音让人听起来特别舒服。"孙芳菲能够不断获得大笔订单，与她谈话时能抓住客户耳朵的好声音也有很大关系。这样的好声音，不仅成为孙芳菲事业上的助力，也给她带来了意外的惊喜。

一次，孙芳菲约见一家客户，与对方的业务经理在敲定业务之后闲聊。聊了一会儿，两人竟然发现彼此是高中时候的同学。老同学向孙芳菲透露，听到她声音的时候，就怀疑曾和她同窗："你的声音太特别了，这么多年过去了，我虽然当着你的面都认不出来你，但是对声音绝对有印象。"

随后没多久，这位老同学得知孙芳菲尚且单身之后，就展开了温柔的攻势。就这样，两个相隔多年不联系的老同学，走到了一起。

听声识女人，因为声音喜欢上一个女人，这并不奇怪。女人的声音是上天的恩赐，有的如潺潺溪流，有的如清脆风铃，相对于其他感觉，声音更能够直击内心，声声敲打。有调查显示，男女相爱，在很大程度上就是因为声音的相互吸引，种种"柔情"也是更多地以声音的形式传达给对方，动人的声音轻柔曼妙，如酷暑里的丝丝凉风，让人不自觉地有靠近聆听的欲望。

既然如此，女人就要学会运用自己的声音，让扣人心弦的声音为自己打开与人沟通的窗户。

清脆悦耳的声音能够给人留下深刻印象，沉稳、优雅的声音能够给人一种信任感。但是，每个声音往往只能符合其中的一种特点。所以，要运用好声音，就要搞清楚自己的声音属于哪种类型，下面我们列举几种典型的女性声音及其特点。

1. 柔媚的声音

很多媚态十足的女子在说话的时候喜欢带上鼻音，例如"嘛""呢"等，腔调也富于变化，声音较低但是余音很长。拥有这样声音的女人，平时说话的时候尽量保证发音清晰，与不熟悉的人交流的时候尽量沉稳。当然了，如果是面对自己的恋人，就尽可能运用你的优势，抓住他的心吧。

2. 甜美的声音

声音甜美的女人给人一种清纯聪慧的感觉。风铃一样清脆的声音很有穿透性，如果能够巧妙运用甜美的声音，就会营造出令人愉悦的氛围。有一副甜美嗓音的女人要注意一点，那就是话别太多，音量别太大。你的声音本就很有穿透性，如果不能控制，很可能会刺到对方的耳朵，进而让人厌烦。记住，声音明亮是你的优势，但不要用来打断别人说话，交流的时候要给别人发言的机会。

3. 平和沉静的声音

如果你不是天生一副好嗓子，也羞于撒娇，那你至少能够控制自己说话的节奏和音调，让自己的声音尽可能安静平和，发言的时候保持音调稳定，声音低沉柔和。如果能够拿捏得恰到好处，你就能够给人一种沉静成熟的感觉。人际交往的时候，这样说话最能给人一种可以信任的感觉。

很多人会说自己没有好的资本，声音不够柔媚，其实这并不正确。声音是可以后天养成的。靳羽西是全球公认的有气质的东方女性，尤其是她的声音，很能打动人心。在谈到自己声音的时候她说："我在刚开始当电视主持人的时候，曾经向语言专家请教说话的技巧。通过学习，才知道了说话的声音越低越好听，就越吸引人。"当然了，靳羽西学习的妙诀是放低自己的声音，你的秘诀也许不是，但可以肯定的是，你有改变的机会。

林肯说："一个 40 岁的人应该对自己的容貌负责。"其实，我们也要对自己的声音负责。要明白通过学习，做出调整的声音和完全不在意的说话声音是有很大区别的，女性朋友如果想要练就好声音，练就好口才，就要做一番投入，改变自己，改进自己的交际方式。

让你的才华为话语增色

容貌对于女人来讲虽然非常重要，但是，并不是所有的女人天生都有好姿色。长得是不是漂亮，不是由自己决定的，但我们却可以培养自己的气质与才华。

> 很多女人虽然不是特别漂亮，但是她们兰心蕙质，才华横溢。出众的才能让她们极具感染力，她们开口说话的时候，也就更能够得到别人的认可。

蔡文姬是东汉时期著名的才女和文学家，她曾嫁到匈奴，曹操当权之后，就派使者把她接了回来。

蔡文姬回到邺城之后，曹操看她一个人孤苦伶仃，就又把她嫁给屯田都尉董祀。不久，董祀犯了法，被曹操的手下抓去，判了死罪。蔡文姬一生孤苦，生活刚刚步入正轨，又遭遇磨难，她非常着急，跑到魏王府里去求情。

蔡文姬到魏王府的时候，曹操正在举行宴会。当时，朝廷里的很多公卿大臣、名流学士聚集在魏王府里。侍从向曹操报告蔡文姬求见，曹操知道在座的大臣名士中不少人都跟蔡文姬的父亲蔡邕相识，就对大家说："蔡邕的女儿在外流落了多年，这次回来了。今天让她来跟大家见见面，怎么样？"大家都欣然同意。

蔡文姬出现在大家面前的时候，散着头发，赤着双脚，一进来就跪在曹操面前，替她的丈夫请罪。她的嗓音清脆，话又说得十分伤心，在座的很多人原来是蔡邕的朋友，看到蔡文姬伤心的样子，不禁想起蔡邕，纷纷动了恻隐之心。曹操听完她的申诉，说："你的情况我知道，这件事确实很值得同情，但是现在判罪的文书已经发出去了，想要更改也来不及了啊！"蔡文姬听完之后，并不放弃，而是说："大王马房里的良驹成千上万，手下的武士多得像树林，只要您派出一个武士、一匹快马，就能够轻易把文书追回，这样我的丈夫就有救了。"曹操听罢，亲自批了赦免令，派了一名骑兵追上去，宣布免了董祀的死罪。

这件事解决之后，曹操又问蔡文姬："听说夫人家有不少书籍文稿，现在还保存着吗？"蔡文姬感慨道："我父亲生前给我四千多卷书，但是经过战乱，散失得一卷都没留下来。不过我还能背出四百多篇。"曹操听她还能背出那么多，非常惊喜。后来，蔡文姬果然把她记住的几百篇文章都默写下来，送给了曹操。曹操看了之后十分满意，此后更加善待蔡文姬一家。

蔡文姬是当时有名的才女，众人对她仰慕已久。在曹操推脱的时候，蔡文姬出口成章，使得曹操没有了借口，同意了她的请求。再加上蔡文姬还能背出遗失的几百篇文章，曹操也就更加器重她。因此，我们说，才气其实就是一种无形的感染力，胸中有文墨，你说出的话就与众不同，更能打动人心。

生活中，女士们经常会和自己的恋人闹矛盾。这时候，苦苦劝阻或者与对方争吵，都难以弭除争端。但是，有才能的女人懂得换一种说法，运用自己的才气打动对方，既表达自己心中所想，又展示自己的魅力，最终达到想要的效果。

司马相如是西汉一位有名的才子，他和卓文君的结合也被人们津津乐道。但是，司马相如在事业上一帆风顺之后，就渐渐变心了。他被举荐做官后，久居京城，赏尽风尘美女，加上官场得意，竟然产生了弃妻纳妾之意。曾经与他患难与共、情深意笃的卓文君被他抛诸脑后。卓文君独守空房，非常伤心。

终于有一天，卓文君收到了司马相如的信。打开信纸，上面只写了一行数字："一二三四五六七八九十百千万。"聪明的卓文君马上就理解了其中的意思，泪流满面。"一二三四五六七八九十百千万"，唯独没有"亿"，无忆。其中的意思当然是司马相如在暗示他对自己已没有以往的回忆了。卓文君心凉如水，但她并没有直接指责司马相如，也没有哀求，而是给司马相如回了一封信，信里只有一首诗："一别之后，二地相思，只道是三四月，又谁知五六年。七弦琴无心弹，八行书无可传，九曲连环从中折断，十里长亭望眼欲穿。百思想，千系念，万般无奈把君怨。万语千言说不完，百无聊赖十倚栏。重九登高看孤雁，八月中秋月圆人不圆。七月半，秉烛烧香问苍天。六月伏天人人摇扇我心寒。五月石榴似火红，偏遭阵阵冷雨浇花端。四月枇杷未黄，我欲对镜心意乱。急匆匆，三月桃花随水转；飘零零，二月风筝线儿断。噫，郎呀郎，恨不得下一世，你为女来我做男。"

司马相如看完妻子的信，既为妻子的真情感动，又惊叹妻子的才华，再想想昔日夫妻恩爱之情，他羞愧万分，赶紧写信向卓文君道歉，并承诺不再纳妾。

卓文君若是接到信后赶往京城，当着司马相如的面指责咒骂，或者哭哭啼啼请求对方，可能不会有什么好的结果。但是她没有，她是一个才女，她用自己最真挚的情感写了一首令人惊艳的诗，打动了自己的丈夫。

在现实生活或者工作中，女士们如果能够在合适的时候说出一些富有哲理的话，知道一些专业的知识，能够在言谈中自然地表达出来，当然会让人刮目相看。如果遇到了什么困难或者冲突，你的才华也能够帮助你组织更有力量的语言，巧妙地做出回应。总之，长相不足，气质来补。气质靠的是修养和才华，女人也要尽可能提高自己的见识和才华，只有眼界高了、才华高了，说出的话才更有内涵，更能够打动人心。

腹有诗书气自华

很多人在评价一个女人的时候更关注外表，而忽视了女人的才学。这对于女人而言是不公平的，女人也需要读书来熏陶自己。知识就像养分，透过一条条经络滋润容貌，提升品位，影响言谈举止。

> 有一些女性，她们很喜欢读书，买书、品书是她们生活的一大乐趣，而这样的女人往往也是优秀的。因为书不仅给了她们底气，还使她们变得温文娴雅，善解人意。爱读书的女人是善于思考和有思想的人，在与人交流时，更能表现她的气质与修养，这种书卷气很容易使她在众人中脱颖而出，让人刮目相看，"腹有诗书气自华"就是对她们最好的形容。

一位知名作家到医院看望自己的朋友，与朋友闲聊的时候，他注意到同一间病房里的一位年轻女子。那名女子的腿受了伤，在医院疗养，她的姐姐每天晚上都会来照顾她，但是白日里只有她一个人。女人长相普通，很瘦弱，不施脂粉，总是静静地坐在病床旁，手捧着一本厚厚的书看得津津有味。

作家一直觉得，现在这个年代，已经很少有喜欢读书的人了，人们闲暇时候大都是拿着手机玩。出于好奇，他就问她看的是什么书，那个女子回答说是一本散文选。作家觉得挺亲切的。

两人相互认识之后，又兴致勃勃地聊起来。无意间聊到近代几个著名的作家，那个女子也是很熟悉，这让作家很惊讶，对她多了几分好感。两人相互认识之后，不知不觉又聊到了朱自清、巴金、林语堂等著名作家的作品。那女子居然都能侃侃而谈，这让作家很惊讶。

经过几天的接触，作家发现这个女孩非常特别，话不多，却很有内容，说起话来语气平和，条理分明；不说话的时候，通常会看书，非常安静优雅。

作家非常欣赏这位女子的气质才学，询问她有没有兴趣发表作品。这名女子原本就想要发表一些小文章，经过作家的引荐，她的作品被一家杂志社陆续刊登了出来。

一位普通的年轻女子，能够得到一位知名作家的青睐，是读书为她增添了个人魅力。虽然她不是很漂亮，但在作家眼里，她却很有气质、很有内涵，因此，作家也愿意为她提供帮助。

在这个比较浮躁的时代，已经没有多少人能静下心来读书。很多女人闲暇时不是看电视、逛商场，就是操持家务、照顾孩子，忘记了提升自己，慢慢地，可能就会与时代脱节。女人即使貌若天仙，也有老去的那一天。相反，如果喜欢读书，充满书卷气质，即使穿戴朴素，但能出口成章，无论容颜怎么样，都会让人觉得有内涵、有气质。

林志玲容貌漂亮，然而她最吸引人的地方却是她优雅的内涵和高贵的谈吐。美貌是上天的馈赠，但气质和谈吐都需要后天的培养，她在闲暇时就很喜欢看书。

从出道至今，面对媒体的百般刁难，林志玲总能凭借自己的智慧巧妙地化解问题。曾经有记者问她，怎么看待自己被指为"花瓶"，林志玲很有涵养地说："很好啊，这至少是承认我的相貌，是一种肯定的方式，我会把它看作赞美。"她的巧妙回答为她赢得不少掌声。

有媒体曾问林志玲怎样保持美丽和气质，林志玲回答："我一直告诉自己，要坚持做那个最简单的自己，无论是过去、现在还是将来。现在大家都疼爱我的时候，我更要和别人尽可能地亲近，不要让人觉得我有高高在上的感觉。"

在电影《赤壁》中，林志玲扮演小乔。有媒体质疑她，说她的年龄和赤壁大战时候的小乔相差很远，林志玲在回答的时候充分展示了自己的内涵和机智："我引用易中天教授的话：'古代人40多岁已是人生尾巴阶段，但现代人40多岁却正处日正当中！'"这样旁征博引的一句话，充分回应了很多人的质疑。

爱读书的女人，视读书为生活中的一大乐趣。她没有时间唠唠叨叨，没有时间搬弄是非。当别的女人正津津乐道时尚流行、张家长李家短时，她们陶醉在书的世界里，洗涤自己，充实自己。在书的海洋中熏陶过后，在与人交流时，她们的语言会优美，会富有气质。

读书能够使人见识更广，说起话来更有内涵，读书本身就是一种培养气质的方法。一个人能够平心静气地坐下来，拿起书本，这就已经难能可贵了。因此，读书的女人，不管走到哪里都是一道美丽的风景。

读书使人明智。书卷中有很多知识，可以增加我们的见识，让我们在与人交流的时候有话可说。一个人读的书多了，说出来的话自然就有理有据。事实上，读书不仅可以增加见识，还能够使气质得到提升，我们常说的"书卷气"就是这个意思。

比如林徽因、冰心、席慕蓉……透过照片，我们看不到她们有多么倾国倾城的容貌，但就是觉得她们看上去舒心，有一种很美好的感觉。这就是因为爱读书的女人有一种内在的气质，她们只要一开口，幽雅的谈吐超凡脱俗，一下子就能成为全场的焦点。只要她们站在那儿，就能够像春风一样迷人，像花朵一样绚丽。

提升语言修养，做高贵女人

有很多欧美的影片向我们呈现了18世纪末、19世纪初西方国家人们的生活场景。这里暂且不谈影片对于上流社会恶习的抨击，我们把视角锁定在上流社会那些高贵典雅的女士们身上。在这些影片中，上流社会的女士们举止优雅，谈吐得体。也有一些暴发户的妻子，虽然财大气粗，能够出入上流社会，但仍旧缺乏一种气质，这就是修养的差别。

衣服饰品容易买到，但内在的修养和说话的气质是很难养成的。女人若想展现自己优雅的气质，就要在语言修养上下功夫。女人说出的话，可以展示自己的魅力，让自己看起来更加优雅。

日常生活和工作中，有的女人就像是高贵典雅的贵族，说话的时候让人感觉到一种神奇的魅力，很有气质。还有的女人说话不讲究方式，总是语气生硬，尽管内心并无恶意，但总是惹人讨厌。

古时候，有个大户人家的夫人，带着自己的贴身丫鬟和几个随从乘马车赶路。傍晚时分，他们还没有到达集镇。这时候，前面走过来一位老人，丫鬟看见后，便在马车上高声喊道："喂，老头儿，这里离旅店还有多远？"老人说："五里！"夫人正要责怪丫鬟没有礼貌，随从却急急地策马飞奔，向前赶路。

天色将晚，马车跑出去十多里仍不见集镇。夫人转念一想，数落丫鬟道："看这情况，我猜得没错，刚才的老人家是责怪你'无礼'，并不是说还有五里地。"

一行人掉转马头往回飞驰。天黑的时候，终于又见到那位老人，他似乎早就知道这马车会回来，还在路边等候。夫人亲自下车，温和地叫了一声："老伯，方才我们无礼，冒犯了您……"话没说完，老人就笑着说："不用问了，这附近没有旅馆，天已经黑了，你们如果不嫌弃，先到我家暂住一晚吧。"

丫鬟问路的时候，确实出言不逊，老人家遇见这么趾高气扬的人，心情自然不会好到哪里去。回来的时候，夫人亲自询问，言谈有礼，老人家自然愿意帮忙。

说到讲话得体，最重要的是不能讲粗话。现今一些年轻女性，不注重自己的语言修养，有时会把一些粗俗的话挂在嘴边。或许她们觉得偶尔的几句粗话无伤大雅，但就是这样几句粗话，可能会使别人看轻你，也破坏了你在别人心目中的形象。

王晶晶天生丽质，从小学习钢琴和芭蕾舞，身材也保持得很好。她刚进入服装设计公司的时候，同事们就觉得她漂亮、高贵。很多男同事觉得她就像一个美丽的公主，平时都不太敢和她说话，但是，一次部门聚会让大家改变了看法。

一次，部门主任请大家吃饭，其中一个同事可能是想在美女同事面前炫耀一下自己，因此，说话的时候有点儿狂妄，言语上有点儿自夸。王晶晶很看不惯，直接说了一句："你瞎狂什么呀，我开始做服装的时候，你只怕还穿开裆裤呢！"此话一出，众人都吃了一惊，没想到部门的大美女还有粗野的一面。从此以后，表面上大家还都是称赞王晶晶漂亮，但是心里都对这种漂亮大打折扣。

又一次公司聚餐的时候，王晶晶又让大家惊讶了一回。一个同事因为工作忙，没能准时赶到，同桌的几个人就准备等他一会儿。当这个同事急急忙忙赶到时，已经过了十几分钟了。迟到的同事正准备道歉。王晶晶喊道："你再晚点儿来，我们都要饿死了。"同事们一听这话，对王晶晶的印象更差了。

王晶晶语言的随意性，反映出她语言修养不高，让她在同事眼中的形象一落千丈。我们无论是在生活中还是在职场，一定要注意说话的方式方法，如果不分场合，想说什么就说什么，难免会让人觉得你的修养不高。

> 每个人都渴望得到尊重，都希望别人能够以礼貌雅致的语言与之交谈。相比男人，女士们更注重形象，更想要表现自己的高贵得体。所以，女人在和别人说话的时候，一定要注意自己的表情、言语和语气，让自己更加优雅。

当然了，也不是说任何场合说话都要特别谨慎，在朋友相聚时，可以适当随意，但不能讲脏话；在正式的工作场合，一定要规范用语，说话要简单明了，不能太过于随意。保持礼貌的言谈，才会有更多的人愿意和你做朋友，才能给人留下好的印象。

人的修养是由内而外的，是人们内在情感和性格的一种外部投射。说话方式其实代表着一个人的品性，既有天生的遗传因素，也有后天养成的因素。我们完全可以通过后天的努力提高自己的品性，经过长时间的修炼和完善，成为气质优雅的高贵女人。

关注新闻，与时俱进

大部分女人平时只关心生活中的事情，柴米油盐，家长里短。因此，当别人谈起国家大事或者体育赛事的时候，女人们往往一问三不知。有的女人觉得自己不需要了解时事、关注新闻，只要懂得打扮自己就行了。这种观念已经落伍了。女性也要关注新闻、与时俱进，因为只有这样，在与别人交谈的时候才能有更多的话题。知道的事情多了，心里才有更多的知识积累，说话的时候才能够做到对答如流。

> 或许有人会说，不关注新闻时事，不知道怎么聊这些事情也没关系呀，跟别人聊天的时候多聊一些时尚或者化妆之类的女性擅长的事情不就得了吗？其实不然，难道你跟不熟悉的男同事聊天的时候也聊这些话题？又或者在街上碰到领导，聊天的时候也聊你喜欢的偶像？如果你不想成为只知道柴米油盐的家庭琐事、不想成为一个"头发长见识短"的女人，那就需要抽出一些时间关注一下当前的热点要闻、体育或游戏。

邓佳是一家渔具店的销售员，她能说会道，深受渔友们的欢迎。在她的打理下，渔具店的生意非常兴隆、人潮不断。

有人问渔具店老板客人多的原因，老板回答说："主要是邓佳会说话，来店里的大老爷们儿都能跟她聊到一起。渔友们喜欢扯一些时事，邓佳刚好也对这个感兴趣。慢慢地，顾客们就认准了我这里。"

有的顾客还问邓佳："看你年龄不大，怎么什么都知道呢？你好像连足球也懂一些啊！"

邓佳笑着说："知道得再多，也不如你们多啊！我就是对新闻比较感兴趣，每天都会抽出一些时间看报纸、杂志。有一些地方看不懂，还要经常询问你们呢！"

邓佳的这种方法非常好，值得我们学习。国家大事、世界形势、社会话题，这些都是很不错的谈资，如果你也知道一些，与人交流的时候也就不难了。

要想做到这些，就应该把说话当成一门功课，把读报、看新闻当成一种预习。你可以培养自己的兴趣，把每天看到的感兴趣的新闻、热点的话题收集起来，思考一下，想一想自己的见解，这样的话，如果有人跟你提到这些事，你就有话可说。

当然，要注意一点，那就是在应用这些知识的时候，一定要附加自己的看法，不能像背书一样去念。另外，运用的时候要慎重，不了解的领域，不能用太肯定的话，而是要以请教的口吻说出来，等待对方解答。

周文丽对新的环境非常满意，对自己的工作更是热情高涨。她是个标准的"韩剧迷"，而她的领导却极爱足球，周文丽经常会听到领导在办公室里滔滔不绝地讲足球赛事，于是，她也开始在工作之余关注足球赛事。

一次，周文丽急匆匆地挤进电梯，刚好她的领导和一个男同事也在里面。由于平时周文丽非常活泼，和领导及同事的关系也颇为融洽，周文丽就乐呵呵地与他们打招呼。然后，周文丽听到他们在谈论足球："这届世界杯，你觉得哪个队最有希望拿冠军？"

"我觉得是巴西队。"那个男同事说，他是巴西队的球迷。领导笑笑说："我觉得巴西和西班牙概率大。"

周文丽正好看了一些新闻，她就说："我喜欢西班牙，都是帅哥，而且水平也高。"这么一说，领导和同事都乐了："你也知道呀！你知道那队里谁比较厉害？"

周文丽笑着说："我最喜欢他们的队长，叫卡西利亚斯，是守门员里面最好的。"

从这之后，领导和同事们时不时就会跟周文丽侃几句足球，他们觉得一个喜欢体育的女孩子很是难得。

"巧妇难为无米之炊"，要做个会说话的人，一定要多涉猎一些领域，多看、多想。很多新闻事件看似离女人的生活很远，但是如果你知道了，就能够扩大你的知识面，增长你的见识，让你的言语更有知识性，更有内涵，还会让人觉得惊艳。所以，多关注下你平时不注意的事情，它们会为你带来重要的改变。

第三章

谈吐有礼，优雅的女人受欢迎

礼貌的女人人人爱

有礼貌、言行得体的男人，一般会被称作"绅士"。另外，"绅士"这个词更多的时候用于男女相处中。例如，一个男士为一个女士推门，就会被称作绅士；帮另一个男士推门，则一般不会这么说。相比较之下，女人似乎有任性而为的专利，否则怎么衬托男人的绅士风度呢？

其实不然，女士虽然处处有优先的权利，但是在公共场合更应该注重自己的言行，尤其是说话，一定要矜持有礼，不能毫无顾忌。例如，一个男士在乘车的时候请你先上，或者帮你提行李，你就要真诚地说声"谢谢"；或者说在工作的时候，需要同事为你提供什么资料，就要学会说"请"；别人正在做事情，而你又不得不打断的时候，要得体地说一声"打扰一下"。总之，礼貌是人类相处的金钥匙，生活和工作中，处处讲礼貌的女人才能够受到更多人的认可。

孙欣欣是一家电器公司的业务员，有一次，公司举办了一个展览会，推销宣传自己的产品。领导看孙欣欣形象好、气质佳，而且说话非常有分寸，就让她接待前来参观的客户。

展览会开始那天，孙欣欣站在门口，微笑着说："欢迎大家前来参观，我叫孙欣欣，今天由我带着大家熟悉我们公司的最新产品。如果大家有什么疑问，都可以跟我沟通，我会尽量为大家提供解答。好了，下面请随我来。"

参观展览的时候，有的客户提出了一些尖锐的问题，比如，认为孙欣欣公司的产品价位太高，还有人说产品外观不好看。孙欣欣总是能够保持微笑地说："非常感谢大家的宝贵意见，我们一定会认真考虑并加以改进的。"从一个展厅换到另一个展厅的时候，孙欣欣会说："请大家右转，注意脚下的台阶。"

整个参观过程非常愉快，孙欣欣的礼貌和耐心给客户们留下了很好的印象。结束的时候，孙欣欣还笑着对大家说："感谢大家能够参加今天的展览会，更感谢大家为我们提供的宝贵意见，希望我们以后能够继续像今天一样愉快地合作。"

客户们在孙欣欣温润的话语中结束参观，一定会觉得非常舒心，对于孙欣欣所在的公司也会留下比较好的印象。当然，能够为公司形象增光添彩的员工，领导也会很喜欢。

每个人在与人交往的时候，都在寻找更加易于交流的对象，如果说话让人觉得受到尊重，让人心里舒服，对方一定会想和你交流；如果跟人说话的时候一脸不屑、语气冷漠，或者火药味儿十足，别人为什么要搭理你？

> 有的女士对于礼貌这个词嗤之以鼻，有什么说什么嘛，何必装腔作势？其实不是这样的，礼貌并不是装腔作势，而是人与人交流时候的润滑剂，是必要的。你冒犯了别人，理应说声"对不起"；别人帮了你，当然需要道谢；陌生人之间，不说声"请"，别人为什么听你的？可能跟熟悉的家人或者闺密在一起的时候，不需要注意这些，因为彼此之间的了解已经非常深入，他们可以理解你，但是面对陌生人或关系不太亲密的同事和朋友时，在说话的时候就一定要懂礼貌。

裴莹莹性格直爽，平时跟朋友们说话的时候都是有什么说什么，毫不顾忌。有时候跟同学们约定去哪里玩，她会随口说："到时候你要是迟到可就死定了。"或者男同学帮了她，她会说："你一定要做好，要不然以后别说认识我。"当然了，同学之间一起玩得时间久了，大家并不感到奇怪。到了毕业的时候，这个习惯却让裴莹莹碰了壁。

裴莹莹报考了南京一所高校的研究生，她的成绩不错，进了复试。到南京之后，裴莹莹先去找自己所报专业的教授。当她走到教授门外的时候，教授正在打电话，门没关，她没打招呼就进去了。教授刚打完电话，裴莹莹在身后喊："老师您好。"老教授明显吓了一跳："你是谁？怎么不吭声就进来了呢？"裴莹莹辩解道："不是我不说话，您在打电话啊。我是今年的研究生，报的您的专业。"老教授显然很不满，他说："还没复试呢，你现在还不是研究生，我知道了，我还有事，请回吧，有什么话复试的时候再说。"

结果事与愿违，裴莹莹事先拜访教授，本意是想拉近彼此之间的关系，却因礼仪问题吃了闭门羹。

裴莹莹的毛病就是说话的时候太不把自己当外人了，可能她只是不拘小节，但是老教授并不了解她的性格，也就难以体谅她。进别人屋子的时候，如果门开着，正确的方法是小声问："请问，我可以进来吗？"如果真的打扰了或者惊吓了别人，一定要说"抱歉"，而不是辩解。

一直以来，豪爽都是男人的专利，我们一般都要求女人在说话的时候温柔、矜持。但是，现代社会不同了，一些女性会变得更加爽朗，不再扭扭捏捏的。这是好事，但是张扬个性的同时一定要有底线，礼节不能丢。

相对男人而言，女士在人际交往中的一大优势就是能够运用独特的温柔魅力打动人心。既然如此，何必要丢掉自己的优势呢？如果能

"言之有礼"，美丽动人，谁会不欢迎你呢？

礼貌的话语是优雅的前提

"礼仪"这个词非常精妙，"礼"是礼貌，"仪"是仪态，礼貌和仪态是紧密相关的。因此，女人想要使自己气质优雅、魅力四射，就应该养成礼貌的习惯。我们在与人交往的时候，最普遍的沟通方式就是谈话，因此，谈话也最能够体现一个人的礼仪修养。

> 哈佛大学前任校长伊立特说过："在造就一个有修养的人的过程中，有一种训练是必不可少的，那就是优美而文雅的谈吐。"同样地，女人在修炼迷人魅力和优雅气质的过程中，掌握优美而文雅的谈吐也是必不可少的。

早高峰期间，路上堵车了，乘坐公交车的上班族眼看要迟到，纷纷给自己的领导或是同事打电话协调工作的事情。

这时候，两个女士都在打电话。其中一个拿起电话："喂，刘经理啊，我是小吴，我这边堵车了，所以我可能会迟到，我今天有个客户要来，如果我赶不到，能不能麻烦您安排人帮我接待一下？"等到对方回应了，她说："嗯，堵车很严重，谢谢您了。"

另一个女士也拿起了电话："喂，佳倩啊，我这边堵车了，真烦人！你帮我跟老板说一声，他不同意我请假也没办法，反正我去不了了。"等到跟同事沟通好了之后，这个女士还抱怨着："这是什么破车啊，走路也比这快！"

当然了，两个人打电话的对象不同，一个是跟上司说话，另一个是跟同事说话。她们都能够安排好自己的工作，虽然第二位女士爆了粗口，看得出同事跟她关系不错，会帮她的，但是她们给公交车上的陌生人留下的印象就不同了。第一位女士说话非常有礼貌，旁边的人听了也觉得很顺耳；第二位女士就不一样了，她的同事可能习惯了她的说话方式，但是旁边的人一定会觉得她满口粗话，不文明。

所以说，听一个女人说话是不是有礼貌，是不是够优雅，就能够知道她的性格、修养和文明素质。所以，女士说话的时候，一定要注意礼貌用语，音量适中，不要急，语气平和一点儿。孔子说过："非礼勿言。"一个有教养、有学识的女人要能够运用优雅的语言来规避浅薄和粗鄙，让自己成为温柔可人的淑女。

要养成礼貌的说话习惯，应该注重一些细节。

首先是不要爆粗口。对于女士而言，这是极其重要的一点。现代很多女性为了张扬自己的个性，发挥自己的"女王气场"，总是会像男人那样动不动把粗话挂在嘴边，其实这是极不明智的。

其次是发音要清晰，不要用鼻音词来表达意见，这是对别人的不尊重。当别人跟你说事情的时候，同意就说"好的"，不要鼻孔朝天，用"嗯""哼"等鼻子发出的声音来表达个人意见。有人帮了你，说"谢谢"的时候发音要清晰，有的女士只是轻描淡写地说"谢"，似乎只有一个"谢"字，第二个"谢"字音根本没有发出来，这是极不礼貌的。

同样的道理，一些口头的"敬语"，比如"请问""借光""劳驾""费心""麻烦""辛苦"等，既然说了，就不要含混不清，好像不情愿一样。只有真诚、清晰的敬语，才能发挥它们原本的功效。礼貌不是做作，不是勉强，而是真诚的，只有认真去做，才能让你的优雅由内而外散发出来。

最后是与人交谈的时候，说敬语时一定要看着对方。别人帮了你，你看都不看人家一眼，说"谢谢"，人家也难以接受。当然，害羞的女生对着对方，低下头说"谢谢"就是另一回事了。

在一次商务聚会上，一个女招待同来自日本的客人们一一握手，向他们问好，并欢迎他们的到来。之后，这个女招待便回到了自己的座位上。正当她准备进行下一步活动的时候，一位中年妇女走到她的身旁，轻声对她说："小姐，打扰一下，我想您还得重新和我握一次手，并对我说欢迎词。"

女招待很是惊讶，她问："我把你漏掉了吗？"这位日本妇女摇了摇头道："不是的，你也跟我握手了。但是，你刚才同我握手并说话的时候，您的眼睛已经看着下一位客人了。按照我们的习惯，同别人握手，欢迎客人的时候，应该注视着对方的眼睛。如果你仅仅是以敷衍的态度和我握手，对我说一些事先准备好的客套话，我会觉得这并不是真诚的欢迎。"

听到这里，女招待连忙道歉："真的对不起！我绝没有怠慢您的意思，是我自己的疏忽，我第一次接待外宾，太紧张了！欢迎您来参加聚会，您会愉快地度过这段时间的！"

这位女招待犯的错误是一时的疏忽，她凭借自己的礼貌补偿了这位日本客人。但是，如果不是之前礼节的缺失，她也就不会引起客人的不满。我们在日常交际中一定要注意，礼貌的话语是需要进入别人内心的，说出这些话的时候，一定要看着你的谈话对象。

小说家亚诺·本奈曾说："日常生活中大部分的摩擦冲突起因于恼人的声音、语调，以及不良的谈吐习惯。"在生活中，如果一位女性说话有分寸、讲礼节，能够尊重和谅解别人，那么她的周围就像是弥漫着温润的气息，无论跟谁相处，都能够和谐舒适。

有人会觉得礼貌说话需要注意这个、注意那个，很复杂。其实不然，只要你平时多注重自我修养，发自内心给别人足够的尊重，你说出来的话就不会过于刺耳。礼貌的话语是优雅的前提，良好的修养也能够帮助你成为一个言语有礼的高雅女人。内在修养与外在表现是相辅相成的，只要你想要改变，你就能够成为你想成为的人。

温柔道谢暖人心

人与人之间需要相互帮助，在得到了别人的帮助之后，我们需要真诚地表示感谢。相对而言，男人力气大，而且男人会有彰显自己能力的心理，总是会热情地帮助身边的女士做一些事情。这种情况下，女人就要学会表达感谢。例如，公司值日的时候，男士力气大，干重活儿更加得心应手，那就把重活儿让给绅士们做。女人要做的，是学会礼貌而真诚地道谢，让他帮了你，心里还乐滋滋的。

有的女人会说，男人乐意做，就让他们做，他做得开心，他愿意做，我何必道谢呢？不是这样的，他乐意做是他的事情，你有没有礼貌是你的事情，为什么为他的事情而放弃完善自我的机会呢？再说了，男士们之所以开开心心帮你，就是因为能够得到你温柔的感谢，这是他们最想得到的奖励，也是他们以后继续努力，为你提供帮助的动力。

感谢并不只是说一声"谢谢"，这里面有很多讲究，善于表达谢意的女人能够让"谢谢"充满魔力，别人帮了她，心里反而会赞赏她；不善于表达谢意的女人，说出的"谢谢"就干巴巴的，让人觉得有点儿虚假，以后也就不会再热情为她提供帮助了。

首先，说感谢必须真诚而正式。说"谢谢"的时候必须是诚心诚意，并要让对方感觉到这一点。一定要记住：表达你的感激不是什么表面文章，而是你发自内心地感激对方。怎样显得真诚而正式呢？那就是注视着对方，将感谢的话说得清晰悦耳。我们经常听到一些人打电话的时候会说："谢谢你啊，改天我再去拜访你，当面道谢。"为什么已经说了谢谢，还要当面道谢呢？就是这个道理。

举个例子，假如你走在回家的路上，心里想着不开心的事情，非常郁闷。你的一个朋友，平时关系不是很亲密，刚好碰到你。出于关心，他会安慰你，让你不要那么难过。当然了，由于不是密友，他不清楚你究竟为什么而伤心，安慰的话也说不到点子上，你的心情并没有缓解。虽然朋友的话没有起到什么作用，你仍旧要表示感谢。这时候，如果你轻描淡写地丢给他一个"谢谢"，就会显得很敷衍，好像有一点儿"你很烦"的意思，这样就很不礼貌。即使你的难过并没有缓解，也应该真诚地感谢关心你的朋友，正确的做法是转过身面对他，说声"谢谢"，等他有所回应你再回家。

我们经常看到一些人一边关门一边对外面的人说谢谢，或者一边看报纸一边说谢谢，这都是不礼貌的，对方帮了你，你难道连看对方一眼的心思都没有？看都不想看，谢意一定也是虚假的。当然了，如果匆忙间没有时间郑重道谢，那就要换个时间，再次表达你的谢意。

其次，就是说明你为什么感谢，让别人知道他的帮助对于你非常重要。一般来说，只要你说谢谢，别人都会知道你大致指的是什么，即便如此，你再重复一遍，效果就不一样了。这一点对于女士而言尤为重要，因为多数男士在帮助了女士之后，心里多多少少都会有点儿男子汉的虚荣，如果你再强调一下他很厉害，他就会更加受用。

"真的谢谢你，要不是你，我真的不知道该怎么办？""幸亏有你在，否则我不知道怎么办了！""谢谢你帮我介绍这么多客户。"这些话都比单纯的"谢谢"更有内容，更加真诚。我们常常说："别人帮了你，你就要知道感谢。"什么叫知道感谢？明白别人帮助的重要性就是知道感谢。你说出来，别人才会知道："哦，她体会到我的重要性了。"女人要能够体会对方的用心，让对方觉得自己的心思没有白费。

最后，就是表示回报。人与人之间要相互帮忙，这样关系才能更加和谐，才能更加长久。别人帮助你，不一定是求回报，但是提出来，就是你的心意。比如，你购物回来，路上有同事帮你提购物袋。等到了你家附近，或是该上车的时候，不妨把你买的水果拿出来慰问一下。或者说在公司的时候，男同事帮你修电脑，修好之后，说谢谢的时候可以帮他泡一杯咖啡，或者给他接一杯开水。这样做，不仅能够得体地表达谢意，还能展示你温柔体贴的一面。

刘雪换了工作之后，公司离自己的住处非常远，很不方便。为了避免在上班路上耽误太多的时间，刘雪就打算在公司附近租一间房子。刚好，同事王浩对公司附近比较熟悉，周末的时候，刘雪就叫上王浩，帮她在公司附近找房子。

当时正值酷暑，两人在街上逛了不一会儿就大汗淋漓，不过还好，很快他们就找到了合适的房子。刘雪行李不少，一个人搬家比较困难，王浩就随她回去拿行李。经过一个下午的折腾，刘雪的大件行李总算都搬过来了。这时候，刘雪说："真的谢谢你啊，剩下的小件行李我自己搬就行了，你赶紧回去吧。"

王浩当时就有点儿郁闷，敢情顶着大太阳忙了大半天，一句话就打发了？从这之后，王浩再也不热心帮助刘雪做事情了。

并不是说王浩贪心，帮了忙就要回报。但是忙了大半天，刘雪只说了句："你赶紧回去吧。"这会让人觉得很失落。如果刘雪邀请王浩吃饭，或者请他改天来家里坐坐，那王浩心里就会觉得舒服一些。

"谢谢"只有两个字，说起来却是有讲究的，聪明的女人能够将感谢的话表达得真诚而温柔，别人帮了她，却好像荣幸之至的样子。

礼貌地与人打招呼

人是有社会性的，需要与不同的人相处交际。交际，就需要先打破沉默，进入一个新环境，或是跟一个不是很熟悉的人相遇的时候，能不能很快融入环境，或是结识新朋友呢？要想打破沉默，认识更多的朋友，我们就要学会礼貌地打招呼，主动破除你与别人之间的交际障碍，才能够进一步与别人沟通。

> 有的女士会觉得，做女人应该矜持一点儿，主动打招呼显得自己有点儿轻浮。其实不是这样的，打招呼是一种礼貌的举止，做得好，只会彰显你的修养和气质，不会破坏你的形象。另外，有一点广大女士要谨记，那就是男性和女性初步认识的时候，男士会显得更加拘谨，因为他们害怕自己冒犯对方；因此，女士就应该主动一点儿，和气地跟人打招呼。例如，一个漂亮的女士进入一家公司，如果她不主动跟办公室的同事打招呼，男同事也一般不会主动打招呼，因为容易给人"献殷勤"的感觉。因此，女士们一定要学会有礼貌地开口打招呼，既彰显自己的礼貌，又不失矜持。

有的女士会问:"那我说什么呢?聊些什么啊?"没有那么复杂,打招呼不是搭讪,招呼一下即可,又不需要继续深入沟通。早上上班,见了同事之后微笑着说声:"你好!"路上遇见了上次朋友聚餐时认识的人,点点头说声"这么巧,你也去逛街啊?"很简单的几个词汇就够了。最要紧的其实是你的态度,愿不愿意主动打招呼,敢不敢主动打招呼。

王腊梅和刘芳同时进入了一家电器销售公司,两人性格迥异。王腊梅性格开朗,见人都是笑呵呵的,碰到公司的老员工总是会甜甜地说声:"你好。"刘芳则不同,她觉得只要有能力,不需要巴结这个巴结那个,因此,总是埋头做事,碰见了同事也是低着头就走过去了,她是新员工,大家都不了解她,以为她反感跟大家说话,所以也就由她去了。

然而,一次公司聚会让刘芳彻底改变了自己的想法。大家吃饭之后去唱歌,王腊梅唱歌的时候,同事们纷纷喝彩。等到一曲结束,有几个同事还要求跟王腊梅合唱。轮到刘芳的时候,她拿出了自己最拿手的歌曲,发挥得也很好。但是,她唱完的时候,只有零零落落的掌声,更别提有人跟自己合唱了。

刘芳在那次聚会之后心里很不好受,一直觉得同事们是看不起自己,再加上工作上不太顺利,没多久她就辞职走人了。

刘芳的想法其实是错误的,打招呼并不是巴结人,而是人与人之间的礼貌。同事之间低头不见抬头见的,总不能整天不说话啊。你跟别人打招呼不是为了博得别人的好感和认可,而是让自己不那么孤单。刘芳的同事们也不是看不起她,不是不想跟她说话,而是被她的态度影响到了,以为她原本就不愿意跟任何人交流,这种情况下,谁又会去自讨没趣呢？

打招呼是人与人之间消除障碍和防备的最有效的方式，所以说，女士们无论是在工作中，还是在日常生活中，都要学会主动地打招呼，让自己融入不同的集体中。

我们已经知道，打招呼不是搭讪，不需要太多的话题积累。那么，打招呼最重要的是什么呢？那就是对别人的称呼。如果你能恰当地称呼别人，再加上语气诚恳的"你好"或者"早上好"，对方一定会非常开心。

如何称呼别人，是一件非常有讲究的事。称呼得好，可以使对方感到亲切，让自己在人际交往中如鱼得水。称呼不得体，不仅得不到对方的认可，还会引起对方的不快甚至恼怒，朋友没交到，反而会闹得心里郁闷。因此，女士们一定要知道称呼别人的几个原则。

第一，要看对方年龄。当你看到一个人，如果觉得他的实际年龄是30岁，就把他当作25岁的人称呼；如果觉得对方有70岁，就当作60岁甚至50岁的人称呼。现在的医疗条件好了，多数老年人身体状况好，因此都有一种不服老的心理，能喊"阿姨"，就一定别喊"老奶奶"。

孙丽跟男朋友一起去逛颐和园，两人都是"路痴"，看着地图也找不到去往很多景点的路。正为难间，看到了一个白发苍苍的老奶奶，老人家看上去精神很好，可能是来锻炼的。

孙丽忙走上前去，问道："阿姨，您知道苏州街往哪边走吗？我们一直找不到。"老人家回过头来说："姑娘，你们买的是通票吗？拿过来我跟你说几个主要的景点在哪里。"老人家一边指路，一边讲主要景点的看点。等到说明白之后，老奶奶还不忘夸孙丽："姑娘长得真标致，小年轻啊，看你穿的运动鞋我就喜欢，那些穿高跟鞋来爬山的我从不跟她们说话。我都80岁了，算你奶奶辈儿的了，赶紧去吧！"

另外还需注意，看年龄的时候，还要考虑对方是不是已婚，不能确定就叫先生或者女士，否则会闹笑话。比如，看到一位20多岁的女士就称"大嫂"，万一人家还没结婚，可能就会生气了。

第二，要考虑对方的职业。对不同职业的人，应该有不同的称呼。比如，对年纪大的农民，应称"大爷""大娘""老乡"；对医生应称"大夫"；对教师或者其他从事文字科学工作的人，应称"老师"。

第三，要注意区域性。有些称呼具有一定的地域性，使用不通用的称呼就会带来麻烦。比如，山东人喜欢称呼"伙计"，但南方人认为"伙计"是"打工仔"的意思，一般不乐意听。

第四，要注意场合。正式场合与娱乐场合或者私人谈话的时候，称呼是需要调整的。例如，"兄弟""哥们儿"等一类的称呼，虽然听起来亲切，但显得档次不高，商务会谈的时候说出来会让人笑话。

总之，女士见到认识的人或者加入一个新的环境，要学会微笑着向对方打招呼。准备好你的微笑和优美声音，根据对方的年龄、职业、地位、身份选择好称呼，然后你要做的就是走上去，主动迈出人际交往的重要一步。

打电话的礼貌用语

网上曾流传一句话："短信看不到语气，声音听不出表情。"这句话说的是即便通信方式再发达，也不如面谈，特别是异地恋的情侣。但是，现代的日常生活和工作中，我们已经很难离开电话，很多时候必须通过电话来解决。这时候，打电话的礼貌用语就显得尤为重要。

由于电话交流与面谈有差异，因此，如何更好地与他人沟通就更有讲究。一般来说，音量以能让对方听清为准，相比面对面说话，电话交谈的时候，你需要适当提高自己的声音，语速相对平时要慢些。这是因为人与人电话交谈的时候，看不清楚对方的表情和口型，只能通过声音辨别意思，我们就需要表达得更清楚。除了使对方清楚明白之外，必要时，女士们还可用声音向对方投去友好的"微笑"，让对方感受到你的亲切。

联合航空公司在1977年时载运了三千多万人，打破了当时的世界纪录。他们会有这么好的业绩，能吸引这么多的乘客，除了硬件设施、飞行技术等值得信赖外，在很大程度上和他们的服务是分不开的。联合航空公司有一个很特别的要求，那就是规定公司的话务人员要非常礼貌，要能够让顾客仅仅通过声音就感受到服务人员的微笑。这就是声音的"微笑"。

在招聘流程上，联合航空公司的要求非常严格。一次，一位叫艾伦的小姐去应聘。面试的时候，主考官在和她交流时总会刻意背对着她，艾伦很不解，可觉得应该不是礼貌问题，也不敢问，只好小心应对。待问完几个问题后，主考官转过身来，正对着艾伦说："你被录取了。"

接着艾伦提出了心中的疑问，对方说："你将来的工作主要是负责预约、取消、确定或更换飞机班次，需要通过电话工作。我刚才背对着你是在体会和感受你的礼貌和友善，你最大的优势就是能够让我仅仅通过声音就能感受到尊重，希望你在今后的工作期间能够充分运用，把你'微笑'的声音传给电话那端的每一位顾客。"

也许你在打电话时，说话的表情看上去很诚恳、很温和，但是对方看不见。对方只会听到你传过去的声音，所以，假如你语调掌握不好，对方从电话中听到的声音一定是平淡的、呆板的，电话交流就不会很愉快。所以，打电话的时候，我们首先要做的就是用声调，表达出你诚恳的、有亲和力的气质。

作为一个说话大方得体的女人，如何利用电话在生活和工作中与人更好地沟通呢？

首先，接电话的时候，要以礼貌用语开头。如果你就是对方要找的人，就可以开始交谈。如果对方找的是别人，首先要明确对方要找的人是谁，如果要找的人在，可以请对方稍等，将电话交给要找的人。如果对方要找的人不在，应该礼貌地告诉对方，可以等要找的人回来之后再回电，最好是可以帮助对方转达信息。如果对方愿意让你帮忙转达，最好将对方所说的事情记录下来，应认真记录，如果有重要内容，还要复述一遍，这样会让对方放心。当电话交谈快要结束的时候，最好说一些体贴的客套话，等待对方传达出结束电话交谈的信号之后，在双方的默契下，才可说"再见"，不能急切地说"再见"。

其次，在给客户或名人、领导打电话的时候，最好先打一下腹稿，明确自己要说的内容，保证条理清晰。接通电话后，首先应该简洁明了地报上自己的身份、姓名及要找的人。如果需要稍候，就应安静等候，不要急切询问。如果你要找的人不在，千万不要直接挂掉电话，而是应该对接电话的人说声谢谢。

再次，还要注意交谈的语气。电话里看不到表情，所以语气好坏决定了谈话的质量，如果语气好，对方会认真去听你讲话；如果语气不好，对方就不愿意和你交谈。很多人在电话通话的时候，总会莫名其妙碰钉子，这就是因为忽视了语气的重要性。所以，要记住"语气不是指你说话的内容，而是指你表达内容的方式"。表达的时候最好表现出关怀的、体贴的、友好的、感兴趣的情绪。

最后，还有一点需要注意，这不是对于通话对方的礼貌，而是在通话的时候，要尊重周围的人。比如，在公共汽车上、地铁上或在其他公共场合打电话时，要注意简洁，不要煲电话粥，说话声音不要太大。如果有什么特别重要的事情，或者与通话对方有了争执，最好到没人的地方说明，不要在公共场合对着电话与人争吵。

总之，聪明的女人要学会打电话时候的谈话技巧，不需要繁杂的表情，不需要亲自登门。通过一部电话你就可以"运筹帷幄之中，决胜千里之外"。掌握好打电话的技巧，不仅可以使你事业有成，也可以展露出你的优雅气质，帮助你在人际交往中表现得更加优秀。

第四章

聪明的女人嘴巴甜，蜜语醉人心

赞美有技巧

赞美也是要讲究技巧的，如果赞美不到位、不真诚，不仅不会收到预期的效果，还会让人感觉不舒服，产生厌恶的心理。因此，我们要掌握赞美的技巧，会说赞美的话。

首先，赞美别人一定要注意频率。一般来说，你在一段时间内对一个人赞美的次数越多，收到的效果就越差。赞美的频率如果过高，到了"滥"的程度，就只会让别人觉得肉麻、谄媚。比如，你的上司是个很时髦的人，非常懂得穿衣之道。你便天天夸赞上司的衣服漂亮。上司一开始听了很高兴，但时间长了，就不免有些腻。如果你仍旧乐此不疲，就会显得虚情假意，上司必然会因此不悦。

其次，赞美的言辞要符合事实，不要过分夸大，否则很容易给人一种惺惺作态的感觉。举个例子，一个姑娘只是略有姿色，你却将她夸得好像天上的仙女一样，但凡这位姑娘有一点儿自知之明，就知道你是在夸大其词，明显不是发自真心的赞美，对你的印象分马上会降低。如果一位姑娘相貌平平，甚至有些丑陋的话，你却称赞她是美女，姑娘不但不会高兴，反而会觉得你是在讽刺她。

其实要避开类似的误区并不难，只要做到真心实意欣赏别人即可。认真留意一下那些善于赞美别人的人，你就会发现，他们的赞美总是很真诚、很恰当的，不是为了刻意讨好别人而胡乱捏造出来的。要使自己的赞美真诚、恰当，我们必须找出别人身上的闪光点。要知道，世界上没有一个人是完美无缺的，也没有一个人是一无是处的，只要我们愿意去寻找，就一定能找出别人的长处，将其作为赞美的切入点。

田雅丽是一家服装城的销售员。一天，有两个女孩在她管理的柜台挑选衣服。两个女孩儿都挺漂亮，一个烫着红色卷发，一个是黑色直发。

红发女孩试穿了几件衣服，最后选中了一件，黑发女孩说："这件也不错，刚才你放下的那件衣服的扣子挺漂亮的。"红发女孩听了说："扣子太大了，我不喜欢那样的扣子。"

这时，田雅丽走了过去，面带笑容对红发女孩说："这件衣服的领子很漂亮，衬得你的脖子很好看，要是再配上一条项链，那就更漂亮了。"红发女孩很高兴，因为她也是这么想的。

田雅丽笑了笑，又拿了一件衣服，对黑发女孩说："其实你可以试一下这件，它特别能衬托出你优美的身材。"黑发女孩听了，也高兴起来了。田雅丽看到两个女孩儿正在比对衣服，又说："当然，这两件衣服你们两个人换过来穿也是可以的，因为你们的肤色和身材比较接近，只是你们的发型能够搭配的衣服不一样。"三人就开始聊起了服装搭配的话题，这是田雅丽最擅长和最希望的。当然，后来两人都成了她的忠实顾客。两个女孩儿比较时髦，平时会经常换发型，因此，经常让田雅丽帮她们搭配衣服。

上面的事例中，红发女孩的脖子好看，黑发女孩的身材好，田雅丽注意到了她们的优点，夸赞她们的时候找到了好的切入点，因此，赢得了她们的好感。要想使赞美的话恰到好处，选择的切入点越独特，效果就越好。例如，很多人喜欢赞美别人的外貌，而那些相貌出众的人已经听了很多类似的话语，你再赞美，人家也不会放在心上了，但这时若有人另辟蹊径，夸赞他们的才能或者气质，必能收到不错的效果。

陈晓开了一家饰品店，由于门面比较偏僻，店铺的生意不是很好。一天，一对情侣来到陈晓的饰品店。陈晓热情地招呼说："请问二位需要什么呢？"谁知，这对情侣只是面无表情地看了看她，并没有说什么。看他们的样子，也就是逛街顺便看看而已。

陈晓并没有放弃，她突然注意到这对情侣的上衣很特别，于是说："哎呀，你们的上衣可真好看啊，在哪儿买的呢？"这时，那位女士说："今年我俩一起去法国旅游，在巴黎买的。"陈晓趁机说："我就说嘛，国内没有这样特别的衣服，您穿着这衣服特别迷人。您可能正考虑为衣服搭条项链吧？"那位女士可能真的对自己的外套非常在意，于是说："是啊，我不知道哪条项链更适合我，所以，我穿这个外套的时候都不戴项链。"陈晓微笑着说："我可以为您推荐几款。"女士说："那谢谢你了。之前我看了好几家饰品店，也有中意的，但是他们的售货员都没有耐心帮我挑。"

于是，一眨眼的工夫，陈晓就让一个没有兴趣在她店里买项链的人兴致勃勃地挑选起来。

看到顾客没有买东西的意思，陈晓并没有冷落顾客，而是借机巧妙地夸赞对方，由此让顾客产生好感，进而促成了一笔交易。

除此之外，赞美还可采用欲扬先抑的做法，否定对方的过去，肯定对方的现在，这样做更能赢得对方的好感。比如，遇到老同学，赞美对方事业有成，你可以说："我记得你以前上学的时候很低调的呀，现在这么厉害，深藏不露啊！"

另外还要注意，赞美要讲究措辞，不要总是用一些很常用的话。比如，同样是赞美一位姑娘的眼睛，你直接说她眼睛好看，不如说她的眼睛明亮；或者说赞美一个同事有才，你直接说他有才，不如说他是某个领域的行家。真诚的赞美和浮于表面的客套话是有区别的，只有真诚赞美，才能收获更大。

赞美别人要恰如其分

恰如其分的赞美，能够达到取悦别人的效果，但盲目地赞美别人是不行的。好比一道美食，你取出少量给对方品尝一下，对方会觉得难以忘记；如果你不加节制，别人都吃撑了你还不停让人家吃，难免会适得其反。因此，我们要能够很好地控制赞美的量度，无论是强弱分寸还是时机把握，都要拿捏得当，让人能够从中获得愉悦，而不是被打扰得不耐烦。

> 赞美别人要在精和准上下功夫，切记不可过量。虽然大家都喜欢被称赞，但如果你的赞美像一连串炮弹般轰向对方，相信任何人都会落荒而逃。

张茵是一名保险推销员，一次，她向一位年轻的公司老板推销保险。来到这位老板的办公室后，她连声赞美道："没想到您竟然如此年轻，在这个年龄就做了老板，真是很厉害啊！我很少听说有人这么年轻就拥有自己的事业的，您真是了不起。我冒昧问一下，您从多少岁开始工作的呢？"

"16岁。"

"16岁！天哪，那可真是太早了，我在那个年龄时还在学校里上学，根本什么也不懂。那么，不知道您是什么时候开始自己开公司的呢？"

"三年前。"

"哇，才做了三年的公司竟然已经做到了这种规模，这可连一般的老板也比不上您啊！您如此年轻却已经事业有成，真的很令人羡慕。对了，您为什么那么早就出来工作呢？"

"那时我家里还比较穷，弟弟又想要上学，我只好早点儿出来帮家里人分担点儿负担。现在弟弟已经读了硕士，家里情形真是比以前好多了。"

"您的弟弟是硕士研究生？你们都很了不起呀！"

……

就这样，张茵对这位年轻的老板是一句一个"了不起"，可一直说到最后，老板最终还是没有买保险。对此，张茵有些不理解，自己如此不遗余力地赞美对方，应该能得到对方的欢心啊！可结果为什么会失败呢？

在刚开始时，那位老板听到张茵的几句赞美后可能会很开心。然而，张茵却一而再，再而三地对其"奉承"，老板肯定有点儿烦，这样一来，他当然不会去买张茵的保险。所以说，赞美别人时，一定不可过度。浮夸的赞美只会招来别人的厌恶，进而怀疑你根本是别有用心。恰如其分，才能让别人尝到甜头，引出他们愉快的心情。

另外，我们在赞美别人时还要注意一点，就是要把赞美的话说到点子上。只有夸到点子上，才能引起对方的好感。

郑雨在一家化妆品店工作。一次，店里来了一位抱小孩的漂亮少妇，郑雨连忙迎上去向她介绍店里的化妆品。然而，妇人却非常客气地拒绝说："对不起，我身上带的钱不多，只是想进来看看，下次再说吧！"

郑雨看到妇人拎着名牌包包，戴着名贵的首饰，显然，妇人家里很富有，像她这样的人出门一定会带不少钱，至少买化妆品不是问题，"没有钱购买"只不过是一句托词而已。

郑雨明白，要想抓住这个顾客，必须先消除她的抗拒心理。视线转到少妇怀里的小宝宝之后，郑雨心里有了谱，她微笑着说："小宝宝真可爱，快一岁了吧！"

"是啊！再有一个月就满一岁了。"

"嗯，真可爱，眼睛又大又亮！"

"对呀，像他爸爸，都是大眼睛。不过每天好累啊，等他会跑了，就好一点儿了……"妇人开始很高兴地跟郑雨谈照顾孩子的事情。

郑雨先是非常专心地听着妇人拉家常，在妇人说话的空当，她插话道："女人就是为家庭付出比较大，不过照顾好家人的同时也不能忘了善待自己。其实，您能进我们店里来看，就说明了您很注重个人保养。我们店里的一些化妆品，非常适合您这样的年轻妈妈……"最后，这位妇人听完郑雨的介绍，高兴地挑选了自己喜欢的化妆品。

郑雨非常聪明，她抓住了年轻妈妈的特点，夸赞她的孩子，博得了对方的好感。现代社会人际交流越来越频繁，我们在与人交流的时候，一定要抓准对方在意的事情，夸到对方心坎儿上。如果感觉自己实在抓不住对方的特点，我们可以根据女人和男人的不同，遵照下面两个模式赞赏他们。

遇到女人时夸其有气质。漂亮和性感只是少数女人所具有的特质，然而，气质却可以涵盖所有人。不管女人长得美貌还是丑陋，都会具有自己特殊的气质。无论女人的性格是泼辣还是文静，都不妨碍她们有气质。因此，只要你去夸，女人就会爱听。

碰到男人赞其有才。男人中，取得成功毕竟只是少数，所以，即使男人都很渴望成功，但我们却不能拿成功来赞美他们。然而，虽然成功总是难以取得，但他们都相信自己有本事、有才能。所以，称赞男人时，只要赞其有才，他们定然会笑而纳之。

赞美是一门很深的学问，单纯地堆砌辞藻是起不到什么效果的。我们在赞美别人时，要学会选择恰当的时机、合适的语言，不动声色地把赞赏送过去。聪明的女人都要学会"巧言令色"，在自己的语言外包上薄薄的一层蜜，让人尝之甜而不腻，用恰到好处的"奉承"，来赢得别人的欢心。

为别人量身定做"高帽子"

一句好的赞美犹如一杯美酒沁人心脾，相对男人，女人的声音温柔甜美，说出来赞美的话语更让人难以抗拒。生活和工作中，女士们若能经常说上几句得体的赞美话，就能让自己的人脉更上一个台阶。

当然了，赞美的话并不是普遍性的，人际交往中，赞美的话要有针对性，要直接说到令对方开心的点子上。只有为别人量身定做一顶"高帽子"才会拉近彼此的距离，给人以亲近感。比如，面对一个刚结婚的女士，你就要夸她的丈夫体贴，夸她跟丈夫恩爱；对于一个带着孩子的妇女，你就要夸她的孩子聪明可爱；见到一个在公园晨练的老太太，你最好夸她身子骨棒，锻炼方法好。如果别人穿了新衣服问你"好看吗"，而你也回答说："是挺好看的。"虽然，可能你是发自内心的，但是别人会觉得你很虚假。可是，如果你说："嗯嗯，不错不错，你身材好，皮肤也好，这件衣服和你的肤色很相配，在哪儿买的啊？"那么，对方听了就是另一种感觉了，她会认为你确实关注了她，看到了她漂亮的地方。

刘茜是一家广告公司的业务经理，她的成功秘诀就是善于说赞美的话，特别是在别人有所成就的时候。有一家公司需要为公司的新产品做一系列的广告，负责人是该公司的陈总。许多广告公司的人得知后，都纷纷致电或者直接登门拜访。

某天，刘茜也来到了陈总的公司。她一进陈总的办公室就抬头看到了墙上挂着公司的LOGO，马上说："哟，你们公司的LOGO很有深意呀，活力而不张扬，通俗却又意味深长。"刘茜这样开始了她的谈话。

"是吗？这是公司刚成立时我亲自设计的，没想到连你们广告界的人士都这么看好，看来我有做广告的天赋啊。"陈总边说边乐开了花，得意地向刘茜讲述自己公司LOGO设计的比例、色彩调配，以及所包含的公司文化，他越说越兴奋，简直忘了对方是求自己办事的了。

等到进会议室的时候，陈总为刘茜拉开了门，刘茜赶紧笑着说"谢谢"，还夸赞说："陈总真是一个绅士，有您这样有涵养的老板主持大局，怪不得贵公司能成为行业翘楚。"陈总听了，笑呵呵地连连摆手。

就这样，刘茜刚开口说到合作事宜，陈总马上一口答应下来，她既达到了目的，又给陈总留下了好印象，后来和陈总成了很好的朋友。

刘茜的成功秘诀值得每一位女士学习，每个人都喜欢自己努力的成果被人肯定，都希望自己身上的闪光点被别人认可，刘茜就是抓住了这种心理，首先对陈总的设计表示欣赏与赞美，使得陈总心里乐开了花，然后夸赞陈总有涵养。陈总既然自己设计公司LOGO，就是觉得自己很有设计图案的天赋；既然能够恰当地为女士开门，就是希望对方看到自己的绅士风度，刘茜注意到了，而且"高帽子"戴得恰到好处，理所当然，她也就达到了自己的目的。

> 在生活和工作中，人们取得大成就的时候毕竟少见。因此，说赞美话的时候应从具体的事件入手，从别人微小的长处入手，并不失时机地予以赞美。用语要大方得体，要让对方在不知不觉中接受你的赞美。让对方感到你的真挚、亲切和可信，这样就更容易拉近彼此的距离。切忌说一些含糊其词的赞美话，不能引起对方的兴趣，甚至别人会觉得你虚伪，适得其反。

如果你经常对别人说赞美话，那么别人就会觉得你比较容易接近，很愿意与你交流，这对你是有很大帮助的。当你用到别人的时候，别人会觉得帮助你能体现自己的价值。如果你真的能看到别人的优点，而且具体地赞美几句，就会深得人心，会有更多的人愿意接近和帮助你。

伊莉莎拉的公司承包了一项在华盛顿建立一幢庞大的办公大厦的建筑工程。由于意外，他们无法如期完工。如果他们真的不能如期完工，公司将承受巨额违约金。这时候，伊莉莎拉奉命前往华盛顿，当面说服铜器承包商。

"您知道吗？在阿布逊克区，有您这个姓的，只有您一个人。"伊莉莎拉一走进那家承包公司董事长的办公室，就立刻这么说。

"不，我并不知道。"该董事长惊讶地说。

"哦。"伊莉莎拉说，"今天早上，我下了火车之后，就查阅电话簿找您的地址。在阿布逊克区的电话簿上，有您这个姓的，就只有您一人。"

"我一直不知道。"该董事长说。他很高兴竟然有人为他查阅电话簿。"嗯，这是一个很不平常的姓。"他自豪地说，"我这个家族从荷兰移居到纽约，已经200多年了。"

于是，之后好几分钟的时间，这位董事长都在说他的家族。一直等他说完之后，伊莉莎拉才恭维他拥有一家很大的工厂，并且说她以前也拜访过同一性质的工厂，但跟他这家工厂根本没法比。

"我从未见过这么干净整洁的铜器工厂。"伊莉莎拉如是说。

"我花了一生的心血建立这个事业。"该董事长说，"我对它感到十分骄傲，你愿不愿意到工厂各处去参观一下？"

在参观中，伊莉莎拉又不失时机地恭维他的组织制度健全，并跟他谈论为什么他的工厂看起来比其他的竞争者高级。伊莉莎拉还对一些不寻常的机器表示赞赏，这位董事长就骄傲地宣称那些是他自己的发明。然后他花了不少时间，向伊莉莎拉说明如何操作那些机器，以及它们的工作效率多么良好。最后，他坚持请伊莉莎拉留下来吃午饭。一直到此时，伊莉莎拉都没有提到这次会面的真正目的。

午饭后，这位董事长说："现在，我们谈谈正事吧。自然，我知道你这次来的目的。我没有想到，我们的相会竟是如此愉快。你可以带着我的保证回到华盛顿去，我保证你们所有的材料都将如期运到，即使其他的生意都会因此延误我也不在乎。"

伊莉莎拉没有一开始就直接提要求，而是先恭维、赞扬了对方一番，让对方感到高兴，产生跟她聊下去的兴趣。伊莉莎拉不仅知道夸赞对方，还懂得抓住对方的闪光点。首先，那个董事长的姓比较特别，她就先从这里入手，初步寒暄之后，两人的隔阂就没有了。其次，对于一个董事长而言，他最得意的地方就是他的事业了，伊莉莎拉就抓住这点，赞赏他的工厂设备和制度，这样一来，该董事长就非常开心，很有满足感，甚至留她吃午饭继续聊，拉近了两人的距离，正是因为这样，伊莉莎拉还没开口要求，就得到了想要的东西。

尺有所短，寸有所长。在人际交往中，只要你善于发掘对方的长处，给他们说上几句赞美的话，自然地表达出来，那么，你就可以轻松获得别人的好感。相对男性，女性的心思更细致，更能看到别人的闪光点，更能发现对方值得夸赞的地方。

背后赞美效果更好

赞美一个人，之所以能够使对方心花怒放，不仅是因为赞美听上去顺耳，还因为别人能够从你的话中看到你真诚的肯定。什么样的赞美显得更加真诚呢？除了找准对方的优点和诚恳的语气以外，背后赞美也是一个很好的赞美技巧。

当着别人的面赞美他，固然能起到作用，但说得不当可能也会适得其反。背后赞美就不一样了，如果别人听到了你在他不知情的情况下维护他，自然会觉得你是真心的，在背后说肯定别人、赞美别人的好话时，被赞美者就容易接受你的赞美之词，也容易领情。因此，背后赞美的效果更明显。

> 背后的赞美，首先说明你没有功利性，只是"无意"中说了别人的好话，对于你这种由衷的赞叹，可以想象到被赞美者"辗转"听到你的赞美之词，心里该是多么的激动和高兴。

在《红楼梦》中有这样一段描写：

湘云劝宝玉多跟贾雨村那些为官之人往来，日后出去做官也好有个照应。宝玉很反感，直接对湘云说："姑娘请到别的姐姐屋里坐坐，我这里仔细污了你知经济学问的。"

袭人在一旁听了很过意不去，便说："云姑娘快别说这话了。上回宝姑娘也说过一回，他也不管人脸上过的去过不去，咳了一声，抬起脚来就走。这里宝姑娘的话还没说完，见他走了，登时羞的脸通红，说又不是，不说又不是。幸而是宝姑娘，那要是林姑娘，不知又闹到怎么样，哭的怎么样呢。提起这个话来，真真的宝姑娘叫人敬重，自己讪了一会子去了。我倒过意不去，只当他恼了。谁知过后还是照旧一样，真真有涵养，心地宽大。谁知这一个反倒同他生分了。那林姑娘见你赌气不理他，你得赔多少不是呢。"

哪知宝玉却说："林姑娘从来说过这些混账话不曾？若他也说过这些混账话，我早和他生分了。"

在这一段里，袭人在背后赞美宝钗："真真有涵养，心地宽大。"这话要是宝钗听了，心里准会美滋滋的。因为宝钗不在场，袭人绝不会是为了博得她的喜欢，这样的话说出来，就一定是发自内心的。同样地，贾宝玉也在无意间称赞了林黛玉："林姑娘从来说过这些混账话不曾？"

"不说混账话"，这其实是贾宝玉对于林黛玉非常好的肯定了，其实就是说林黛玉懂他的心，不会为难他，是真正的知己。袭人的赞美没有被宝钗听到，宝玉的赞美却被黛玉听到了。

林黛玉听了这话，不觉又喜又惊，又悲又叹。所喜者，果然自己眼力不错，素日认他是个知己。所惊者，他在人前一片私心称扬于我，其亲热厚密，竟不避嫌疑。

黛玉生性敏感，如果宝玉在她面前说自己是知己，她一定不会相信。但是，黛玉却恰恰听到了宝玉在背后赞美自己，而且宝玉不知道自己会听到，那么这种赞美就是发自内心的。这件事之后，黛玉真正认可了贾宝玉，把他当作自己的唯一知己，两人的关系也进入了更深的层次。

贾宝玉对于林黛玉的赞美其实是无意间的，确实是发自内心的肯定。袭人的赞美方式反而是女士们应该学习的，她与宝钗并不是特别亲密，但是仍旧会在合适的时候提到宝钗的好，相信宝钗听到后也不会亏待于她。当然了，袭人还在背后说了林黛玉的不是，这一点女士们一定要避免。

王静是一家汽车经销商的经理助理。虽然她是新员工，但公司的大部分领导对她很有好感，想让她当自己的助理，原因就在于她会说话。

一次，王静看到几个同事在聊天，过去跟大家说笑。聊了一会儿之后，不知道谁提了一句："经理的脾气很不好啊，动不动就发火。"大家听到后，开始你一言我一语地说经理发火的事情。王静听到后，接上话说："我平时跟经理相处的多一点儿，其实别看刘姐对我们要求有些严格，但她心肠其实很好的。听说我们这个部门以前在单位里垫底，自从刘姐来了以后，我们部门终于在单位里扬眉吐气了。你没有发现吗？上班时，刘姐总是第一个到，平时有什么杂活儿她也会自己做，不要求我们去做。"

经过王静的点拨，大家似乎都发现了经理的好："是啊，刘姐有时候请假不来上班的时候吧，我觉得大家都无精打采的，刘姐一来，大家一个个都跟打了鸡血似的。我们聚会的时候，刘姐给我们带饮料，帮我们买吃的，确实很体贴。"

跟同事聊天的时候，王静总是很注意维护同事和领导的面子，尽量多说同事们的优点，时间久了，大家都知道王静私下里肯定过自己，因此都非常喜欢她。

相比男人，女人更加感性，更容易注意到一些细节问题，因此，一群女人凑在一起聊天的时候，更容易提到一些很多人平时不为人知的方面。每到这个时候，你就要特别注意，尽量多提别人的优点，多赞美别人，这会是你打通人际关系非常有效的方式。背后说别人好话要比当面恭维别人效果明显好得多。你完全不用担心你所赞美的人会听不到你的赞美；相反，你背后的赞美，很容易就会传到对方的耳朵里，对方也会因此对你另眼相待。

背后论人是非是人际交往的大忌，特别是在职场中，背后说坏话的破坏力非常大。不过相应地，背后赞美的推动力也很大，聪明的女人应该掌握这种有效的交往法宝。

提意见也可以赞美的话开头

赞美，并不是说见到谁就说对方什么都好，如果我们看到对方需要改进的地方，那就不能一味赞赏，而是要提意见。但是，意见不能提得太直接，如果直截了当地指出对方的不足，往往会伤害双方的感情。那么，怎样把话说到点子上呢? 那就是先找到别人最需要被夸赞的地方。

> 每个人都有自己特别满意的地方，也有不如意的地方，但无论哪个人都会选择隐藏自己的不如意，希望别人能够看到自己优秀的部分，也都希望能得到别人的肯定。所以，在人际交往中，我们要

> 学会发掘他人身上的闪光点，并积极地给予肯定。说话时，请以肯定开头，肯定别人就是肯定自己，当对方感到高兴后自然而然地愿意接受自己的意见，喜欢听奉承话、受到别人称赞是人的天性，有时候你如果想拒绝别人，或者想批评别人，也不妨来个欲抑先扬，这是成功女人惯用的交际手段。

一个食品公司的老总亲自为公司的新产品设计了一个商标，于是开会征求各部门的意见。老总说："我这个设计的名字叫旭日，象征希望和光明。"然后，他征求各部门领导的意见，各部门的主要领导都一致赞同老总的高明构思。

但是，销售部代表李红很不喜欢这个商标，她觉得这个商标太像日本国旗了，不利于销售。轮到销售部代表发言的时候，李红站起来说："我觉得这个商标有问题。"全办公室的人都瞪大了眼睛看着她，很多人在等着老总大发雷霆。

"你说有什么问题？"老总吃惊地问道。

"我觉得应该改一改，"李红直率地回答，她明白，自己直接说出来会被老总一口回绝的，所以，她只是说，"我觉得它很漂亮，也很简洁。"

老总笑了起来，说："这倒使我不懂了，漂亮和简洁就是我们追求的目标，还改什么？"

李红认真地说："这个设计鲜明而生动，与日本的国旗相似，日本人看到肯定会喜欢的。"

"是啊，这就是我的设计初衷啊，日本市场对我们很重要。"老总既高兴又不耐烦地说。

"然而，我们的市场不仅仅是日本一个，还包括中国及东南亚国家，当这些市场的人们看到这个商标的时候也会在第一时间想到日本国旗。由于历史的原因，中国和东南亚许多国家的人民会因为抵制日本而不去买我们的产品，这不是因小失大了吗？而您也说过，我们今年的主要目标是扩大对中国和东南亚国家及地区贸易，如果用了这个商标，结果可能会很糟糕的。"

"我怎么没有想到这一点，小李很有见地！"老总几乎要站起来了。过了一个月，李红担任了新的销售部经理。

李红被提拔为部门经理，这与她讲话的技巧是分不开的。李红想表达自己的观点，但是为了达到自己的真实目的，先对老总的作品进行了赞扬，然后又一步一步把老总吸引到自己的想法上去，从而提出自己的理念。这种循序渐进、以赞美为自己铺路的做法，自然会受到老总的赏识。

卡耐基说："你可以肆无忌惮地批评、谴责、抱怨别人，但是这么做你将不会得到认同，大多数'傻子'都这么做。"能够说好话，就尽量不要指责别人。需要明白，赞美别人，找到别人的闪光点，找到别人在乎的地方，给出你的赞美，别人就会更容易接受你的意见，自己的心情也会跟着好起来。

王菲是一位优秀的小学老师。在新学期的第一天，她班上调来了全校最顽皮的"坏孩子"张强。他经常搞恶作剧，跟男生打架，欺负女生，对老师无礼，扰乱班上正常秩序。当然，他也有一个优点，就是能够很快就完成学校的功课。

王菲决定立刻解决"张强问题"。学期第一天上课的时候，她讲了这些话："王静，你语文很好，而且平时很热心，做语文课代表吧；刘莉莉，我听说你画画很不错哦……"当她念到张强时，她直视着张强，对他说："张强同学现在成绩不是很理想，但是大家可不能低估他，看得出他很聪明，要是再稍一努力，说不定就名列前茅了。"

每天开始上课时，王菲都会强调这一点，夸奖张强平时做的每一件得体的事情，并一直说看到了张强的改变。有了值得奋斗的美名，即便张强只是一个10岁的孩子，但也不希望令老师失望。而且学期末，他的成绩真的进步了很多。

好话谁都爱听，一个小孩子，你一直批评他，很可能让他觉得自己就是坏孩子，或者说激起他的逆反心理。王菲运用夸奖的方法，解决了教学工作中棘手的问题。

人际交往中，女性的夸赞更能收到效果，这是因为女性夸赞的时候，能给人一种温暖的感觉。例如，一位女士夸另一位女士漂亮，对方也会很开心；如果男士冒昧地夸女士漂亮，则有可能被当成拙劣的搭讪；如果女士夸男士做事有条理，男士就会心花怒放。相对而言，女士夸人，更容易开口，顾忌更少一点儿。

当你要反驳别人的时候，何不先赞扬他一番呢？真诚地赞美他人，说明你心胸开阔，让人愿意与你亲近。

第五章

暖语破冰，让人如沐春风

把安慰的话说到朋友心里

安慰话语犹如创可贴，朋友失意的时候，如果我们能够恰当地安慰他们，就可以让朋友的伤口早日愈合，也能让朋友与自己的关系更加密切。说安慰的话，是需要技巧的，只有运用同理心，把安慰的话说到朋友心里去，才能把朋友内心的痛苦稀释掉。

> 同理心其实就是将心比心，设身处地帮朋友着想。男性的大脑一般比较理性，他们的理性思维很强，在系统性、逻辑性等方面往往更加出彩。但是在感性方面，则显得能力不足，没办法准确理解他人的情绪信息，也很难跟别人达成良好的沟通。女性的大脑则非常感性，通常感情世界都比较丰富，她们有很强的同理心，可以很准确地捕捉和理解他人的感受，并以此来指导自己，更能够把安慰的话说到朋友心里。

李洁是一所理工类大学的大一学生。由于是理工类学校，所以，班里女生非常少，李洁所在的班只有她一个女生。李洁本来就内向，不愿意跟男生多说话，因此越来越孤僻。

有一次，学校组织了一场辩论赛，要求每个班级至少有一名女生参赛。李洁得知后非常苦恼，她不喜欢参加集体活动，可是作为班里唯一一位女生，必须参加。接下来的几天里，李洁惶恐不安。

班长看到这种情况，就想安慰一下她，帮她做好心理准备。班长说："李洁，不用担心，船到桥头自然直，辩论不就是那么回事儿吗？大家会照顾你的，你好好准备，到时候一定能表现得很好的。"李洁一听，心里更不安了，大家都照顾自己，意思不就是自己拖了后腿吗？

后来，李洁的室友看到李洁坐立不安，问她："你这几天怎么了？魂不守舍的样子，谈恋爱了？"李洁连连否认，然后愁眉苦脸地说："学校组织的辩论会啊，每个班都要去一个女生，你们班女生还多一点儿，我们班只有我一个人，必须参加。可是，我在人多的场合根本没办法流利地说话，到时候一定很尴尬，我会拖我们班的后腿的。"室友听了这话之后说："嗯，我明白你的意思。也是，你平时就不爱说话，现在参加辩论赛，紧张是必然的。我高中的时候也一样，遇到活动就发愁，饭都吃不下。不过担心归担心，我们现在最重要的是做准备，要是做好了准备，到时候至少知道说什么。你主要是欠缺经验，我们就多练习几遍。我第一次参加辩论赛的时候也觉得很尴尬，可是准备了几天之后就觉得有很多话想说，这几天我们一起在宿舍练习一下吧！然后再叫上你的队友，练几次就行了。这还是个机会呢，说不定经过这次辩论赛之后，你们班的男生们就跟你熟悉了。"

李洁看到室友愿意帮她，非常开心。经过一段时间的练习之后，李洁心里渐渐有了谱，不再那么担心了。

李洁的班长只是站在自己的角度，说辩论赛没有什么大不了的，这样的话对于李洁的作用并不大，因为他没有运用同理心，没有站在李洁的角度想问题。李洁的室友则不一样，她设身处地为李洁想，道出了自己当初遇到的相似的困境。当她和李洁站在同一个立场之后再去安慰，作用就很明显了。

另外，安慰别人的一些小技巧也一定要知道。首先，"比下有余"的方式。人总是会有一种比较的心理，如果一个人不幸，当她看到比自己更为不幸的人时，不自觉地就会在心里安慰自己，找到一种平衡，不再自怨自艾，会产生"知足"的情绪。所以，当你的朋友失意之时，你不妨采用这种"比下有余"的方式，举例说还有很多比朋友更失意的人，来冲淡他的失意感。当然，这绝不是安于现状、不思进取，而是让失意者看到自己的优势和长处。

例如，你的朋友失业了。不要说："工作是令人讨厌的。恢复自由是多么好的事情啊！"要说："这太突然了，我很遗憾，但我相信，凭借你的能力，会有更好的工作在等着你。"

其次，可以讲点儿其他事情，帮助他们改善心情。例如，你的一个朋友生病了，你到医院或家中看望他，你也许会这样安慰他说："不要着急，安心休息，你不久一定会康复。"你大概认为，这种安慰方式很不错，很妥善。其实，如果你只是用这样的话来安慰他，效果并不会很好。我们所能想到的类似安心休息之类的安慰病人的话，病人早就厌烦了。病期的生活是枯燥的，你的安慰语不如换成外界有趣的新闻，或者一些幽默的话题，让他从你的探访中得到一点儿愉快，这就是给他最大的安慰了。当然了，运用这个方法的时候要注意具体情况，如果病人的病情比较危急，就尽量不要谈笑。

很多时候，当我们的朋友或家人陷入痛苦之中时，安慰他们的最基本的办法就是：允许他们伤心哭泣。哭泣是人体将情绪毒素排出体外的一种最佳方式。所以，当对方在你面前哭诉时，借给他们一个肩膀。等到他们最伤心的时候过去了，再想办法鼓励他们重新振作起来。

总之，安慰别人的目的是帮助人摆脱悲伤，因此，说话的时候只要把握几点原则，你就能很容易掌握安慰别人的技巧，那就是设身处地了解对方，帮助对方分析处境，给他们温暖和鼓励，转移他们的注意力，允许他们发泄。做到这几点之后，你的安慰就能够进入朋友的内心，帮他们走出困境。

友善的言语让你更受欢迎

著名心理学家亚佛·亚德勒说过："如果一个人对别人冷漠，那么他一生中的困难就会变得更多。"日常生活和工作中，我们经常需要与形形色色的人交流，在交流的时候，如果你热情友善，别人就会感受到你的善意，更愿意和你交往。所以，如果你在与人交流的时候保持善意，话语中处处体现对他人的关怀和尊重，就会更容易赢得别人的尊重。

事实上，生活中很多人与人之间的不理解，是因为一方不把另一方放在心上，态度冷漠无礼，由此造成了种种仇视和敌意，并给我们的人际关系带来了很多障碍。

一个富太太整天抱怨人们不喜欢她，并说她太自大。于是，她找到心理医生抱怨："我的遗嘱上已经写好，在我死后要把我所有的财产捐给穷人。可是，他们为什么还不感激我？"

心理医生告诉她："从你的话里面，我就能够了解到别人为什么不感激你。因为，慈善是一种发自内心的对别人的关心，关心的前提是尊重。如果你平时经常觉得自己高人一等，开口闭口都是说'那些穷人'，他们一定不会喜欢你。很多时候别人喜欢一个人，并不是看这个人给了他们多少钱财，而是看这个人是不是尊重他们，对他们说话的时候是不是友善和蔼。"

确实是这样，人与人之间的关系并不是依靠物质联系在一起的，而是靠心与心的交流。要想赢得别人的尊重和喜爱，就要在交流的时候给予别人更多的尊重和关怀，不仅在别人有困难的时候伸手援助，更要在平常对别人多加关心，让别人从你的语言里感受到你的善意。

> 友善的言语就像是和煦的阳光，能够带给别人亲切的感觉，能够让别人不自觉地听从我们；如果言语冰冷，就像是凌厉的风一样，往往会引起别人的戒备心，想要达到目的，可能就不会那么容易。

女人大都秉性温柔，只要稍微注重言辞，就容易树立柔和可亲的形象。一个善良的、言语温和、友善的女人，想必多数人愿意接近。

苗娟在一家汽车销售中心做服务人员，每天的工作就是接待上门的顾客。在一个炎热的午后，一位满身汗味儿的老人伸手推开了厚重的销售中心大门。他一进入，旁边的几位销售人员就皱了皱眉头，各自聊天去了。只有苗娟满面笑容地迎上去，她很客气地询问老人："我能为您做点什么吗？"

老人有点儿惊慌，连忙摆手："不用，不用，只是外面天气热，我刚好路过这里想过来吹吹冷气，马上就走。"

苗娟微笑着请老人坐在空调下面的沙发上休息，并倒了一杯水对老人说："您一定热坏了吧，喝一杯冰水，休息一下。"老人受宠若惊："不了，不了。在外面跑了一上午，身上汗气太重，会弄脏你们的沙发。"

"没有关系的，沙发就是给顾客坐的，您进来了，就是我们的客人。"苗娟微笑着把冰水递了过去。

休息了一会儿，老人似乎不太热了，便走向展示中心的新货车，东瞧瞧，西看看。这时，苗娟跟着走了过来："这款车不错，要不要我给您介绍一下？"老人连忙摆手说："不用，你误会了，我平时不跑运输，用不上这种车，再说我也没有钱买。"

"没关系啊，只要顾客想了解，我们就需要向顾客介绍车型，这样您无论什么时候想买，都可以有初步的准备，以后有机会您还可以向需要的人介绍。"苗娟将货车的性能逐一解说给他听，老人不住点头，偶尔陷入沉思。

听完苗娟的讲解，老人笑了笑说："好，我很满意这种车的性能。"然后他突然从口袋中拿出一张皱皱的纸，交给苗娟："这些是我要订的车型和数量，请你帮我处理一下。"苗娟有点儿诧异地接过来一看，简直不敢相信自己的眼睛，纸上面写着要订8台货车。

看着苗娟不解的表情，老人说："我住在附近的村子里，本来一辈子也不会有钱买你们的车，但是，最近村里和一家公司合作投资了货运生意，需要买一批货车，我是村主任，买车的任务就交给我了。我就想，车子的质量很好保证，最担心的是车子的售后服务及维修，因此我就用这个笨方法来试探每一家汽车公司。但是，好几天了，我得到的都是冷漠的眼神，只有你，不仅热心地接待了我，还给我介绍车型，所以，我决定就从你这里买了，以后如果需要维修，我找你一定很方便。"苗娟做成了这么一大单生意，在公司里很快传开了，领导知道后，提拔苗娟做了副经理。

性能良好的货车很容易找，但是真诚、友善的业务人员就难找了，那个老人之所以放心从苗娟那里订货，就是因为看重她的真诚、友善。我们说话做事，也要友善，保持亲和力，只有这样才能让人看了喜欢。

当然了，善意的言语并不是通过刻意在词汇上进行修饰而展现出来的，而是善良内心的体现。女性性情一般比较温和，应该利用自己的优点，把自己内心的善意展现出来。内心善良的人，不经意的言语都会让人觉得很温暖。如果我们能够在与人交流的时候，让别人感受到自己的亲近友善，当然更容易拉近与别人之间的关系了。

与人打招呼要热情

日常交际中，我们经常会遇到一些特别冷漠的女人，这些女人话不多，让人觉得难以接近。虽然，远远看着的时候，矜持冷漠的女人会呈现一种冷艳美，让人感觉大饱眼福。但是，这样的女人会让周围的人认为她们很难交流，无法靠近。

> 拒人于千里之外的态度不是一个乐于交际的人应该有的。如果想和身边的人更加亲近，我们必须卸下防备，展现热情、亲和力，遇到同事、邻居或者客户，我们要学会用热情的言语与他们打招呼。如果你能够热情地与周围的人拉近关系，他们就会下意识地把你当成朋友，愿意为你提供帮助。

李依姗是做玉石生意的，她在一个古玩市场开了一家门店。市场布局比较乱，也没有明显的标识牌，因此，很多专门买玉石的人找不到玉石店。这时候，买家们都会询问大门口的警卫："你们这里卖玉石的店多吗？在哪里？"每一次大门口警卫给出的答案都是："进门之后往右走，走到头再右拐就有了。"门卫说的那里，就是李依姗的店。李依姗服务态度好，商品也好，因此，生意一直非常火爆。市场里面也有其他几家玉石店，但是，因为门卫每次都推荐李依姗的店面，所以，别家生意都不如李依姗家的好。

为什么警卫总是对李依姗这么好？原来，自从李依姗搬到这里，她每天只要经过大门，就会向门卫问好，有时间的话还会聊上几句。

李依姗没有把警卫当作看门的，而是当作邻家大叔。一来二往，门卫也就把李依姗当成自己人了。

打招呼不是干巴巴地说"你好"或者"早上好"，而是需要运用一些技巧，打招呼是交谈双方消除陌生感的基础，是一种必要的沟通。因此，打招呼时一定要保持热情、友善，让人觉得你可亲近，表达出你对别人的关注和欢迎。那些不善于打招呼的女人，也许是因为性格内向，也许是觉得跟别人打招呼很麻烦，所以，总是很少和别人打招呼。这种做法对于人际交往非常不利，因为没有人有义务主动接近你，你不热情地与人打招呼，也就失去了很多和别人建立友谊的机会。

林曼是一个刚进入职场不久的女孩，她性格比较内向，在比较熟的人面前还能有说有笑，但是碰到不太熟的人的时候总是不好意思跟人打招呼，偶尔说两句话也是非常害羞，声音很小。有时，她碰到自己喜欢或是比较敬佩的人，会莫名其妙地紧张，举止特别不自然。

进公司不久，林曼非常崇拜一个经验很丰富的前辈。有一次下班她跟那个前辈同坐一辆公交车，前辈就站在离她不远处，可她硬是鼓不起勇气和前辈打招呼。为了避免尴尬，林曼当时就把头转向一边，假装没看见对方。

林曼也很希望在公司内部有一个好朋友，她也觉得有几个同事与她有好多共同之处，但她就是不好意思接近对方。有时候，同事们遇见她挥手示意，她也只是不自然地笑笑。林曼也能感觉自己好像没有礼貌，但就是不知道怎么跟同事们打招呼。

因为这样，林曼的同事们都觉得这个小女孩比较怪，难以接近。林曼进公司好几个月了，依旧没有一个好朋友，平时也特别孤独。

林曼的做法显然是不对的，我们进入一个环境，只有人际关系融洽了，才能过得更加舒心。相对而言，女性有自身的独特优势，更容易融入一个环境。女性热情一点儿，主动与周围的人打招呼，他们会觉得你好相处，会愿意和你做朋友。

当然，人际交往中，热情是必要的，但也不要过度热情。热情打招呼是建立在单纯的友情的基础上的，如果你说出的话超出了普通同事或者朋友之间的范围，那就会让人厌烦。热情和轻薄非常接近，如果说话不注意，就会给人留下不好的印象。如果你跟别人的关系没有熟悉到一定地步，一定不要热情过度，新朋友只是打招呼而已，客套一下就行了，否则就真的尴尬了。

于欢与刘晓琪是同事，两个人刚认识不久。于欢性格外向，喜欢交朋友。一天下班的时候，于欢与刘晓琪一起走，于欢说自己就住在公司附近，让刘晓琪与她一起回去吃过饭再走。刘晓琪不好意思去，但是于欢生拉硬扯，最后刘晓琪只好答应。

到了于欢家里之后，于欢的男朋友正在客厅看电视，只穿了一件内衣。于欢和刘晓琪当时就非常尴尬，刘晓琪只是坐下喝了杯茶就赶快走了。

热情招呼别人不是错，但一定要注意，礼貌用语只是客套一下，不要过于热情。每个人都有自己的独立空间，作为普通朋友，适度热情即可。

打招呼是人际交往的第一步。善于打招呼的人能够很快融入一个环境；不善于打招呼的人，则会处处碰壁，处处觉得尴尬。当你热情而恰当地和别人打招呼，即便对方还不知道你的名字，但一看见你的面容，听到你的声音，他们就会对你产生好感，你们之间也就会慢慢变得熟悉起来。一段时间之后，你身边的朋友会越来越多。

说话时尽量常用"我们"

我们平时讲话，很多时候"我"与"我们"这两个词可以通用，客观上来看，意思并没有太大的差别。但是，这两个词给人的感觉是不一样的。"我"更多的是一种自我意识强烈的表现，说话人更多的是将自己与听众划分了界限。"我们"则带有一定的亲和力，说话者将自己与听众放在同一个立场上，代表的是双方共同的利益，因此，更能得到认可。亨利·福特二世就曾说过："一个满口'我'的人，一个只会用'我'字、每时每刻说'我'的人，一定是一个不受欢迎的人。"

聪明的女人在说话时，就会尽量选择用"我们"代替"我"，这样的说话方式，让人感觉到非常亲近，觉得她与自己是统一战线，因此，不自觉地就会支持她。善于用"我们"来做主语的人，就像是伙伴一样，让人觉得很亲切，容易亲近。

有位心理学家曾做过一项有趣的实验。他让同一个人分别扮演专制型和民主型两个不同角色的领导者，而后调查人们对这两类领导者的观感。结果发现，采用民主型方式的领导者更能够凝聚人心，更能够在下属心中树立团队意识。而研究结果又指出，这些人使用"我们"这个名词的次数也最多。采用专制型方式的领导者，是使用"我"字频率最高的人，也是不受欢迎的领导者。

说话时，以"我们""大家"等用语代替"我"，往往能消除陌生感，拉近自己与他人的距离。不过，在日常生活中，人们往往急于谈论自己。在与人沟通时，我们经常遇到这样的情形：有的人一打开话匣子就一再提到"我""我的"等以自我为中心的字眼，这往往会导致对方的反感。

一位年轻姑娘酷爱画画，在与一个同事初次见面时，就滔滔不绝地说了她对画的一些认识，说了好大一会儿后，她才微笑地说："你喜欢画画吗？"听罢，这个姑娘的同事借口说还要赶着参加好友的生日聚会就走了。之后，这个同事也很少愿意和这个年轻姑娘说话。

这个年轻姑娘虽然没有说太多的"我"，但她的自我意识是隐性的，她一直在谈自己的事情，也就是说了无数的"我"，直到最后，才顾及对方。这样的说话方式，当然得不到对方的认同。

> 女性给人的感觉非常柔和，本身就很有亲和力，如果能够注意说话方式，多用"我们"，更能够得到周围人的认可，会让人觉得你大气、可爱。因此，我们在说话时，就要注意运用"我们"，以此来塑造彼此间的共同意识。这并不会给自己带来任何损失，反而会获得对方的好感。

注意观察你会发现，演讲者在演讲时常常使用"我们应该……""让我们……"等句式来表达；记者采访时也常常用"请问咱们这项工作……"或者"请问我们厂……"这样说话能拉近与对方之间的距离，让人觉得温暖亲切，令对方心中产生一种参与意识，注意和认可你所说的话。

因此，会说话的女人总会避开"我"字，而用"我们"开头。下面的几点建议可供借鉴。你可以用"我们"一词代替"我"，相对"我"，"我们"更能让你和别人亲近，有助于你与其他人进行感情交流。例如，你想要在周末聚餐，你说："我觉得周末聚餐不错，有谁愿意去吗？"这句话就不如这样说效果好："这个周末天气不错，我们一起聚餐吧？"前者把自己孤立起来，别人只能是跟着你聚餐，后一句话则是将大家当成一个整体，显然更让人接受。

另外，即便是语境需要，不得不用"我"字时，你也要以平缓的语调淡化自我感觉，应该把表述的重点放在事件的客观叙述上。另外，说话的时候，尽量谦逊一点儿，语气不要强硬，说到"我"字的时候，尽量略去不说，不要给人很突兀的感觉，要突出事，隐藏"我"。

现实生活中，每个人的内心或多或少都存在着"自我意识"，谁也不想让别人左右自己的思想，如果对方感觉到你试图改变他的想法，那么他内心就会产生抵触，不愿意接受你的意识。因此，你只有让他感觉到你们是"同路人"，是"自己人"，才能消除他的心理防卫。在这方面"我们"起着很大的作用。"我们""大家"这些词有助于你和别人建立共同意识，会让对方感觉到他与你是同一战线的，别人对你产生了亲切之感，自然更愿意给你更多的支持。

学会说善意的谎言

很多时候我们为了避免伤害到别人，总是会选择用谎言掩盖事实。这并不是不诚实，而是一种关怀他人的说话策略。我们提倡讲真话，提倡以诚待人，但是，真话难听，相对无伤大雅的谎言，真话显得非常突兀，伤害也非常大。因此，我们在与人交流的时候，需要适当说一些谎言。以不伤害他人为目的，本着善意的原则，即使说了不符合事实的话，也不会为你的形象减分；相反，会让你更加受欢迎。

什么样的谎言算是善意的谎言呢？例如，老师告诉成绩不理想的学生，在同学们中间，你是最有潜力的，稍稍努力，就会取得很大的进步；父母告诉自己的孩子，你脸上的伤疤是上帝的亲吻，让自己的孩子重拾信心，乐观开朗；医生和家属隐瞒绝症患者的病情，从而让他们在最后的时光里还可以满怀希望……

沙漠里的天气非常恶劣，原本晴空万里，可能突然就会发生变化。有一天，一架满载乘客的飞机在飞行过程中遇到了沙尘暴，不得不迫降到沙漠里。迫降还算成功，乘客们都没有受伤。但是，飞机在迫降过程中受到了损伤，无法恢复起飞，飞机上的通信设备也损坏了。乘客们试图用自己携带的移动设备联系外界，但是都失败了。乘客和驾驶员都陷于困境，没有办法请求救援。另外，飞机上的干粮和水十分有限，由于对存活的渴望，有人为了争夺有限的干粮和水而相互谩骂，甚至动起手来。情况变得非常糟糕，大家在争夺中会浪费体力，很多粮食和水也洒在了地上，再这样下去，大家就彻底没有希望了。

　　万分危急的时候，一个年轻的乘客站出来说："大家不要惊慌，我是飞机设计师，只要大家齐心协力、听我指挥，我就能修好飞机，带大家离开这个地方。"看到有离开的希望之后，乘客们都停止了纷争，听从这个乘客的指挥。就这样，全体人员节省食用水和干粮，等待着那个乘客检修飞机。

　　几天之后，飞机还没有修好；但是，一支商队赶着骆驼经过这里，于是大家都得救了。

　　跟随商队到达安全地带后，这个乘客向大家坦白，他只是一个小学教师。有人知道真相后就骂他是个骗子，愤怒地责问他："飞机迫降之后，大家命都快保不住了，你居然还欺骗我们？"小学教师从容地笑笑说道："假如我当时不撒谎，我们能活到现在吗？"

　　那个小学教师说了谎话，但正是他的谎话，安定了乘客们的心，使大家团结一致，等到了救援。当谎言能够带给别人幸福和希望的时候，谎言就不再是一种可恶的行为，而是变为理解、尊重和宽容。

　　有研究表明，女人撒谎偏向他人导向，倾向于替他人考虑；男人撒谎偏向自我导向，主要是为自己考虑。另外，女人撒谎容易附带情感，很多时候是一种感情行为。既然是出于为别人考虑的感情行为，那么只要出发点是善意的，就没有什么不妥。

在生活中，我们也会时不时地撒些小谎，用来调节气氛或者融洽关系。能够不损人又利己，说说谎又何妨呢？

例如，妻子回到家，不太会做菜的老公已经把晚餐预备好了。老公的手艺不佳，但是妻子看起来却吃得津津有味，而且边吃边赞："味道不错啊，进步还是明显的！"这时候，丈夫就会非常开心，从此做饭更加用心。

又如，你的一个同事突然改变了装束，在同事走进办公室时，很多同事就会赞美道："哇，你今天真不错！看起来年轻了好多。"然后，说话的同事里面有的还亲热地上前摸摸衣服的质地，从上到下打量一番。其实你的这位同事的这套衣服也并没有那么好，甚至是和她以前的衣服相近的，但是同事也会因为得到赞美而高兴起来，并对赞美她的人心生亲近。

> 需要注意的是，即使是善意的谎言，也要注意说出来的方式；否则，你说的谎即使出自善意，也会让人觉得你假惺惺的，是在讽刺人家。例如，你见到一个身材不高的人，不能俯视对方，然后说："你其实挺高的啊！"这样的话，要么让别人觉得你在讽刺人家，要么让人觉得你在间接夸自己，收到的效果必然都不会很好。

谎言要在一定程度上符合事实，不能很明显地睁着眼说瞎话。例如，见到身材较矮小的女孩，那就夸人家可爱，或是皮肤白，总之找出一些优点来说。

另外还要注意，即便是善意的谎言，也不要过量，满嘴谎话会透支你的信用。诚信是对别人的尊重和做人的原则，人们都喜欢诚信的人。因此，即使是善意的谎言，也只能偶尔为之。

总之，善意的谎言是为了避免对别人的伤害并为你的形象加分的，要会说，要善于说。如果能够灵活恰当地运用善意的谎言，我们就能够帮助别人提升信心，让别人开心，我们的人际关系也会更加和谐。

第六章

仪态万方，会用身体语言

学会运用眼神表达内心

在社交场合，我们不仅可以用嘴巴去说话，用耳朵去聆听，还可以用眼神去交流。与人交流时，眼神的作用是不可忽视的。正确使用眼神能给对方留下深刻的印象，同时也会增强自己的感染力。那么，怎样用眼神表达内心才更有效果，且需要注意哪些事项呢？

首先，你的眼睛要保持干净明亮。这是最基本的要求，透彻的眼睛会更有感染力。这需要爱护自己的眼睛，尽量不要熬夜，不要过度使用电脑和手机，眼睛疲劳的时候要滴眼药水或者做一下保健。既然眼睛是心灵的窗户，那么当然要把窗户擦得澄明雪亮才好。

其次，眼神交流最大的要点在于正视对方。无论你想用眼神表达自己的诚意、善意，还是自信和肯定，眼神都需要正视对方。

做不到正视对方的原因可能是比较胆怯，刚到一个新环境中，和大家还不熟悉，越是这种时候，越应该大方自信一些，这样大家才会喜欢你、接受你。刚刚步入社会的女孩子往往会这样，其实大可不必，拿出你的热情和自信来，用热情友善的眼神告诉他们，你愿意和他们共事，并且有能力把工作做好。

当然了，正视对方不是说盯着对方的眼睛看，那样谁都会不舒服。正视一般是指看对方的眼睛和鼻子之间的三角区，并且适时把眼神从对方脸上挪开，然后再盯回来，要举止自然。不要跟别人说话的时候眼睛盯着别处，除非你们特别熟悉，不会影响感情；不要低着头翻眼去瞅别人；不要偏着头斜着眼去瞅别人，更不要目光飘忽不定，一会儿看天，一会儿看地。如果你有这些不好的习惯，请立即纠正。

还要注意的是，让自己的眼神灵活一点儿。灵活、明亮的眼睛活力十足，格外会"说话"，而那种所谓的"死鱼眼"往往让人避之不及。如何让眼睛更有神，更有灵气，流露出更充沛的感情，这个是可以调节和锻炼的。饮食方面，多食用含有维生素 A 的食物，可以让眼睛更明亮和湿润。如鸡蛋、鱼肝油、胡萝卜、柿子、红薯、杧果等。想让眼睛更灵活，可以常做眼保健操，如在眼睛疲劳的时候远眺，或者盯着一个物体睁大眼睛，努力看清，然后放松眼睑虚视，左右和上下慢慢扫视一个物体，等等。化妆也是让眼睛显得更精神的一条途径。你可以选择适合自己的眼影和眼线，再配上睫毛膏，会让你的眼睛看起来更有精神。

最美丽、最让人喜爱的眼神往往与微笑一同出现，这既与情绪有关，也与面部的肌肉有关。当你想要笑的时候，眼神会同样带着笑意；当你想要用眼神传递善意的时候，嘴角也自然会做出配合。面部最具表现力的便是眼神和笑容，它们也是塑造你的魅力的"黄金搭档"，因此练习眼神的同时，不要忘记练习微笑。

> 眼神接触不仅能表达尊重和好感，很多时候它还可以给人留下精明的印象。正确运用眼神，并且准确地掌握眼神接触的分寸，可以把内心的理解、敬意等信息明确地传达给对方。例如，当你作为学生听老师讲课时，当你作为听众听某个讲座时，聚精会神地盯着演讲者，会被认为是尊重对方的表现。

孙文华是学术界的一位新秀，还没什么名气，经常跟着老教授到各地进行演讲，可他自己还从没登台演讲过。有一次，教授临时有事到不了场，可听众们都已经就座，临时取消有些对不起大家，因此，主办方和教授一致认为可以由孙文华代表教授进行演讲。

现场有几百人，他第一次上台时感觉很紧张。就在努力让自己镇定下来的时候，他的目光扫见了一个女子。女子的外表并没有什么特别，很普通的一个女孩，可孙文华看着她忽然平静了下来，感觉其他听众似乎都不存在了，这个演讲像专门给她一个人讲的似的。

孙文华发现，这个女子的眼神与别人不同，他每一次看到她的时候，她的眼神中都表现出很强的兴趣，好像是鼓励自己讲下去一样。孙文华心想，一定要镇定，要好好地讲，绝不能对不起这么多的听众，尤其是那个女孩。他很注意那个女孩，只是为了顾及其他人要适当地扫视全场。他注意到：即使在他陈述完一个要点做短暂停顿的时候，那个女孩仍旧会聚精会神地凝望着他的脸，孙文华觉得她一定对演讲非常感兴趣。他不禁有些陶醉了，女孩专注的神态和欣赏的眼神激励了他，让他回忆起了很多本来已经淡忘的内容，滔滔不绝地讲着，最后竟然超出了预计的时间。

不过演讲很成功，听众的反响很热烈，孙文华没想到自己第一次上台会有这么好的表现。

如果没有女孩眼神的鼓舞，孙文华也许就不会那么容易成功。泰戈尔说："任何人一旦学会了眼睛的语言，表情的变化将是无穷无尽的。"同样，任何人一旦学会了眼睛的语言，你的魅力也会无穷无尽。

古今中外，很多著名的人物是驾驭眼神的高手。亲爱的朋友，当你看到那些滔滔不绝的职场能人，是否羡慕呢？当你目睹那些能言善辩的政治家，是否景仰呢？你是否想成为他人瞩目的对象呢？如果你的回答是肯定的，那么在平时的交谈过程中，你需要处处留心自己的眼神。倘若你能妥善地运用眼神表达情感、传递意思，从而吸引并感染听众，那么你就向着成功迈出了重要的一步。

微笑的丰富含义

微笑是内在情绪的一种表达方式，是与人交流时重要的表情语之一，能够拉近人与人之间的距离。陌生人之间可能不知道说什么话更合适，但是互相微笑一般是没有错的。

微笑表达的意思很简单，是在向他人表明自己对对方不排斥，或者友好地打招呼，对于别人的微笑，一般人都不会拒绝，一般都会回报以微笑，看似简单的一来一去，两个人的关系已经比较亲切了。面带微笑的人能够给人亲切的感觉，富有魅力的微笑甚至会让人感觉身上有微弱的电流通过，瞬间被对方征服，正所谓"一笑倾城"。

具体来讲，微笑能够表达的含义非常多，可以透出宽容、善意、温柔、自信等正面的信息，这些信息正好是话语的补充。

> 微笑的表情传达的第一个意思就是善意，它可以让两个毫不相识的人彼此产生信任，瞬间缩短人与人之间的心理距离。可以这么说，微笑就是人们进一步进行语言交流的敲门砖，是参与社交的"通行证"。拿破仑这样阐释微笑："真诚的微笑，其效用如同神奇的按钮，能立即接通他人友善的感情，因为它在告诉对方：我喜欢你，我愿意做你的朋友。同时也在说：我认为你也会喜欢我的。"

另外，微笑能够表达你的自信。说话的时候，如果你紧张不已，一脸愁容，或者面无表情，目光呆滞，这种人一看便让人心灰意懒。而自信的人，会在说话的时候附带上自信的微笑，这样即便是在困境面前，在看似不可能的事情面前，也会传达出一种"一切尽在掌握之中"的信息。

微笑这种无声的表情语言还有很多琐碎的含义。比如，有人做错了事情，满心愧疚的时候，出于照顾他的面子，你可以不用说没关系，只是会心一笑，表示谅解，让对方不要放在心上；当对方对你进行语言攻击的时候，你若回击，便把自己拉低到了跟他同样的水平，而不回应则又会被视为软弱的时候，可以报以微笑，表明自己的自信和不屑；当有人在很多人面前对你大加夸奖的时候，你若过于谦虚则会被看作太做作，这种时候，你只需报以微笑即可。微笑在传递善意的同时，也会表现出一个女人的修养、素质和魅力。女人要善用微笑，维护好自己的形象。

微笑传递的是人内心的情感，是一种宽容和理解。微笑对陌生人来说是友好和善意的表示；对朋友来说是真诚和欣喜的象征。面对不同的对象，不同的微笑会产生不同的影响，但无论如何，这些影响对你都是有利的。

当然了，微笑有这么多含义，在交流的时候运用起来也要有讲究。微笑分很多种，每一种都有自己的特点、适合的场合，所以说，笑也是要学习的。古人讲究笑不露齿，觉得这样才够文雅，现在已经没有这么讲究了。如果一个人抿着嘴笑，一种可能就是他比较文雅，还有一种可能是他有自己的秘密，不愿跟人分享。一般和陌生人之间，或者下级汇报工作的时候可以使用这种笑容，表明这件事我知道了，我会来处理的。这是一种浅笑，能让人觉得你值得信任。

微笑是人类共有的语言，这一点在女人身上表现得更加明显。因为微笑传达的，一般是善意、温柔的情感及甜美、亲和的含义，而这一类情感和形象正是女人的特征。我们经常形容女人的笑为"倾城一笑"，或者说"回眸一笑百媚生"，这样的词一般不用来形容男人，就是这个道理。这也可以解释为什么运动会或者重要聚会的时候，总是有微笑甜美的"礼仪小姐"，而没有"礼仪男士"。

因此，女人需要好好利用自己的先天优势。无论你是对待客户，还是对待自己的朋友或是陌生人，如果脸上挂着真诚的微笑，你们交流的第一个屏障可能就会被消除了。比如，服务行业的人员，接触的一般都是陌生人，突破交流障碍的最好方法之一就是微笑了。这也正是很多服务行业要求员工微笑的原因。

希尔顿酒店早就闻名世界了，但是很少有人知道这家酒店的发迹史。希尔顿酒店的创始人是康拉德·希尔顿，他出生于美国新墨西哥州的一个移民家庭，长大成人的他瞒着自己的母亲，花费5000美元买下了一家旅馆，直到经营到5100万美元的时候，希尔顿才把详情告诉了母亲。令他出乎意料的是，母亲听后并没有什么反应，只是淡淡地说了一句："这也不是多大的成就，这世界上还有很多比5100万美元更有价值的东西，你要让你的顾客每次住宿的时候都想要到你的旅馆去住，这样你才值得炫耀。"

希尔顿想了很多增长业绩的办法，但多数不太好实施，只有一个既不花钱，又简单实用、能够长久吸引顾客的方法，那就是为顾客提供一流的微笑服务。于是，希尔顿在旅馆推出了这一项微笑服务，他要求员工不管多么辛苦，都要在面对顾客的时候面带微笑。而希尔顿更是把"今天你微笑了吗？"当作自己说话的开场白，每天他都会问员工："你有没有对顾客微笑呢？"有一段时间，希尔顿的旅店受到了经济萧条的影响，即使是在这个时候，希尔顿依然让自己的员工千万不要因此而面带愁云，不管旅馆遭受怎样的损失，希尔顿都希望当顾客与自己的职员交流的时候，他们所看到的都是面带微笑的脸庞。

正因为希尔顿"微笑服务"的坚持，只有希尔顿的旅馆在经济萧条过去之后，抢先一步步入了繁荣时期。

康拉德·希尔顿靠微笑服务在同行业间独占鳌头，如果他和其他旅馆老板一样，抱着得过且过的态度，相信他的旅馆也会在经济萧条时期倒闭了。

从事服务行业的人中女性占大多数，一个重要的原因就是女性的微笑和言语更能给人亲切的感觉，让人觉得很舒心。既然有这样的优势，女性就要善于利用，在与人交流的时候，用微笑破开坚冰，代替语言，表达自己内心的各种含义。

总之，微笑是一种含义丰富的表情，能协助我们与人交流。如果你能够自然而熟练地运用各种微笑的含义，你的表达能力和与人交往的能力就能提升到一个新的层次。

学会运用手势表达自己

在日常生活中，有时只靠说话交流往往会力不从心，人们为了更好地表达自己的意思，经常会用手来做辅助。在与人交往的过程中，手势已经成为交流的重要部分，很多时候人们会形象地称手势为"人的第二副唇舌"。相同的意思通过手势表达出来，也可以增强一个人的感染力。手势属于一种含义特别丰富的肢体语言，具有很强的表现力，可以让你的表述更具说服力。

虽然手势并不是女性的专利，但是女性肢体柔美，如果善于运用手势，更能够为自己的交际提供帮助。会说话的女人善于运用手势，她们不仅口齿伶俐，还能够通过丰富、准确的手势配合自己与人交谈。

著名主持人杨澜在访谈或者演讲的时候，手势就非常丰富，总是能够恰到好处地配合她的语言。很多人甚至特意研究杨澜的手势，在网络上也有杨澜的手势合集。杨澜的语言表达能力已经非常突出了，却还是如此注重手势表达，女士们也就需要好好研究一下怎样通过手势更好地表达自己了。

与人交谈时候的手势大致可以分为三种：

第一种是指代的手势，如手掌向上，手臂伸向前方，表示"你们"；手掌向内，手指并拢，指尖对着自己，表示"我们"；或者手指向下，指着地面，表示"现在"，或者"这里"。

第二种是模拟手势。用手势比画出要描述的物体，大致相似就行了，不要过于严谨。比如，用双臂张开，表现物体大小，或者是双手比画出一个心形等。模拟手势能够使你的表达更加形象，有利于听众理解，有时候夸张一些还能够渲染气氛。

第三种是抒情手势。这也是生活和工作中用得最普遍的一类手势。如拍手鼓舞大家的情绪，挥舞拳头激励士气，或者摇晃手指表示否定。抒情手势如果做得好，对于渲染情感很有效果。

与人说话的时候，运用手势最大的注意事项就是表达自然，千万不要为了做手势而做手势。另外，做手势的时候还要丰富一些，不要只会一两种手势，重复使用会让人对你的手势丧失兴趣。

下面我们列举一些常见的手势及其意义：

手指紧握，呈拳头状，这个手势最初是在搏斗的过程中产生的，是一种力量的表现。因此，鼓励别人或者激发别人斗志的时候经常会用到。如果男士在日常生活中使用，有时候还会有示威和挑衅的意味；

但是女性一般不会给人攻击性强的感觉，因此只要做出这样的手势，一般都是有人受到挫折时，给人"打气""加油"，让对方更勇敢地战胜困难。

竖起大拇指，这是称赞别人时使用的手势，有"棒极了""很好""厉害"的意思。这种称赞是发自内心的，如果哪位男士给你提供了帮助，或者你要鼓励身边的男士做某件事，就慷慨地把鼓励给他。做这个手势的同时往往还会露出钦佩或敬慕的眼神，或面带微笑，这样可以更好地传达自己的赞美之情。有时，这种手势也暗含鼓励的意思，希望对方能够更加坚强。

食指与拇指形成圆形，其余三个手指张开，是"很好""OK"的意思。这个手势通常是熟人间表示同意的时候做出来，比语言上回答"是"更诙谐，能够营造欢乐气氛。不过，这个手势在不同的地域有不同的含义。例如，在美国或者中国，就表示"顺利""同意"的意思；在法国则表示"零"或"没有价值"的意思；在泰国表示"没问题"；在日本表示"钱"；在巴西却有"下流""粗俗"之意。当然了，女士们在使用的时候，一定要注意所处的环境。例如，到了巴西，就不要再使用这个手势了。

还有一些简单的手势，亲吻手指指尖，之后手向外伸，表示"飞吻"，是喜爱对方的意思。掌心向下的招手动作，在中国主要是招呼别人过来。举手致意，也叫挥手致意。常用来向他人表示问候、致敬或感谢。当你看见熟悉的人而又无暇分身的时候，可以举手致意，以便让对方感觉到没有被冷落。注意做这个手势时要掌心向外，面对对方，指尖朝向上方，同时要伸开手掌。

另外，我们在做手势的时候一定要注意避免做出一些带有侮辱性的手势，例如单独竖起小指是"轻蔑""看不起"的意思。竖起中指带有侮辱的含义。用一个手指指向别人，经常是上级对下级或长辈对晚辈使用的手势，有命令或指责的意思，有时也有轻蔑的意思。

公司刚刚签了一个大客户，王悦是负责这个客户的经理。周末的时候，王悦请部门的同事们吃饭，想要慰劳一下大家。宴会上，同事们都非常开心。席间，大家都表示想听王悦讲几句。盛情难却，王悦站了起来。只见她左手端着酒杯，右手伸出食指一个挨一个地指着在座的各位，夸奖大家的能力，也说到了这段时间来大家的辛苦。

就在王悦讲得兴致勃勃的时候，一位平时不怎么说话的同事站了起来，说："王经理，这段时间您对大家都很照顾，大家都很感谢您。"王悦看站起来的是周红，知道不轻易发言的她一定还有话说，便道："谢谢你的肯定，你应该还有话说，趁着大家都在，跟大家分享一下。"

周红笑了笑，说："其实也没什么，就是想跟大家讲个我小时候的事。我五六岁的时候，家里种了丝瓜。丝瓜结果的时候，我总喜欢数个数。一次，奶奶看见我数丝瓜，就阻止我说：'不能用手指指着丝瓜，丝瓜本来长得快，但是，如果有人用手指指它们的话，它们就不会长了。'以后我再数丝瓜的时候，就吓得不敢指着它们了。刚才我就在想，你指我们，我们会不会干吃饭不长肉啊！"

说到这儿大家都笑了。王悦大笑的同时，也终于知道周红的用意了，她忽略了不该拿手指指着大家。

> 我们平时，也要学会适当运用手势，让手语为自己的语言增光添彩，而不是破坏自己的形象。相比较而言，男人做手势的时候，一般比较刚劲有力，能够给人力量；女人的手势更加平稳柔

和，能够让人更加安心舒服。因此，女士们要善于运用自身的优势，让温柔雅致的手势帮助自己表达。当然了，使用手势时并不是越多越好，要适时而用，不该用的时候用了，就会显得有些装腔作势，反而会给人缺乏涵养的感觉。

作为仪态的重要组成部分，手势应该得到女士们的重视。手势优美动人，往往会让人充满惊喜；手势笨拙不自然，有可能引起别人的反感，甚至给交际形成障碍；手势柔和而温暖，会让人充满感激。能够达到"心有所思，手有所指"的效果，你的表达能力就会游刃有余，你在交际场合也会如鱼得水，就能够拥有更多的朋友。

与人交谈时需要戒除的不良习惯

人与人之间交谈的时候，不仅仅有语言上的交流，也会伴随着一些动作。其中，有的动作是简单有效的肢体语言，还有一些则是没有实际用途的多余动作，这些动作会给你的形象减分。可能从整体来说，你穿着打扮很得体，说话方式也很正确，但是一些不好的习惯性小动作将会破坏你的语言表达效果，让别人觉得你心不在焉或是信心不足。

> 女人身上一般有很多小物件，多数女性的头发也比较长。这些小细节就给了一些女人做小动作的机会。男士们交谈时的小动作一般是玩弄手指、活动关节、攥着拳头、抠手指等；女士们除了这些之外，还会摆弄指甲、玩弄手帕、揪衣服角等，这些动作都让人难以忍受。

田菲毕业之后，经营了一个小店，主要出售饰品。过了两年，由于经营不善，她就把小店关了，重新找工作。

由于对销售比较感兴趣，田菲到一家电器公司应聘销售经理。在面试环节，田菲对于销售工作的很多看法比较中肯，很受面试官的赞赏。面试结束，田菲对自己的表现很有自信，她觉得很有把握。

一周之后，田菲接到电器公司的电话，结果是她被淘汰了。田菲非常惊讶，赶紧询问原因。打电话的就是当天的面试官，他告诉田菲："您确实非常优秀，对于销售也有自己的见解，但是，我们公司比较看重的是服务，您在交谈的时候一直摆弄手上的戒指，时不时还整理衣角。在我们公司，这样的行为会被视作对客户不礼貌，很抱歉。"

田菲恍然大悟。她在做小店生意的时候，非常喜欢摆弄小饰品，来店里的小姑娘也不会在意这个。但是，如果到规模较大的销售公司，与客户谈生意的时候，这种小动作确实很不合适。经过一段时间的努力，田菲戒除了自己的不良习惯，最终成功找到了一份满意的工作。

像田菲一样，很多女士有一些坏习惯，与人交谈的时候总会附带一下细小琐碎的动作，这些小动作非常惹人讨厌，特别是在比较正式的场合。下面列举一些交谈时候的坏习惯，女士们在日常交际中一定要注意避免。

拨弄头发。有些女士有一头秀美的长发，在与人谈话的过程中，千万不要习惯性地去拨弄头发，这个动作很容易让对方有不被尊重的感觉。当然了，拨弄头发是一种表现性感和亲昵的方法，但是仅限于在你的亲人、恋人或闺密面前，正式场合一定要注意。

手拿物品。男士们一般习惯将自己的提包放在桌子上，小件物品一般揣在兜里，所以很少有这方面的顾虑。女士们这方面的问题则比较突出，很多女士在与人交谈时手里总喜欢拿点儿东西，如钥匙链、手提包、手机等，总是用这些东西将自己和谈话者隔开，这个动作会将你的害羞和抵触心理表现得淋漓尽致。

（3）揪线头。女人天生就有装饰方面的强迫症，如果看到了衣服上或者桌布上的线头，她们就会不断揪，有时还低下头去弄。记住，这个动作会让与你交谈的人很不自在，觉得你不认同他的观点，也不愿意表达自己的想法。

除了以上三点之外，还有一些动作并不是女性特有的坏习惯，但是女士们也要重视。很多时候这种动作并没有具体的原因，而是一种习惯。这个动作会让人感觉你很讨厌对方或对谈话内容毫无兴趣。

有些人经常会用手托腮思考问题，这个动作如果用在与人交谈时，会让他感觉你在否定他的观点，或者说明你的思维已经涣散。相比男人，女人更感性，因而更容易走神，需要特别注意。

还有的人在交谈的时候总是低着头，给对方冷淡的感觉，严重时还会让人觉得你很傲慢。这样的动作不利于你和对方关系的发展，交谈时一定要抬头看着对方。

在交谈时露出很不自然的笑容，让人感觉很虚伪。真心的笑容使整个面部都会被带动起来，而皮笑肉不笑时只是嘴角和嘴唇的上扬，很容易区分。为了不引起对方的反感，如果不是发自内心的笑容，大可以换一种表情。

手不要乱放。在交谈中摸脸是犹豫的表现；摸后脑勺、摸鼻子代表着有所怀疑；捂嘴，一般被认为是编造谎言时的标志性动作，如果你有这些习惯性动作，最好时刻叮嘱自己说话时让手远离这些部位。

还有人喜欢把手放在脑后或背后，这个动作会给人高高在上的感觉，这是展示自己权威的表现，最好不要在陌生人面前有这种小动作。抓后脑或后颈是不确定的表现，容易让人对你所讲的话产生怀疑。

频繁地眨眼也是一种不好的习惯，这是焦虑或紧张时经常会有的动作，当你和交流者的距离比较近时更应该注意。可以不时给自己一些心理暗示，提醒自己减少眨眼的次数。

用衣服擦手心的汗是紧张的表现。正确的做法是不要理会手心的汗，进行深呼吸，让自己慢慢平静下来。另外，用手或脚敲击地面是紧张或无聊的表现；频繁交换支撑脚是身体或心情欠佳的表现；不停地搓手是紧张中略带兴奋的象征。在正式场合千万不要出现这些动作。

与人交谈时不能安稳地坐在那儿，老是动来动去，让人感觉一点儿都不专心，会给人留下不稳重的印象。好的方法是，当你感觉身体直坐着很不舒服时，可以将上身向前倾斜，只移动后背即可，不必将屁股扭来扭去。

站着时，不要耷拉着肩膀，要挺胸抬头，这样才能表现出你的自信，让别人更愿意和你交谈。不要在和人交谈时双臂抱胸，这个小动作表示你对对方有所防范，是抵抗心理的表现。当你不知道要将双臂放在哪里时，可以直接垂在身体两侧。

总之，尽可能使自己少一些小动作，在与人交谈的时候保持优雅、自然、沉稳、端庄的形象，可以给人愉悦、平和、愉快的感觉。仔细回想你与人交谈时候的习惯，当发现有可能影响你整体形象的小动作时，为了不影响交流，一定要想方设法地加以改正，让自己的形象为言语加分。

头部动作体现不同的含义

在整个身体的各个部位中，头位于最上端，它不仅位置显要，传达的信息也最多、最重要。人与人接触或交流时，最先映入眼帘的一般都是头部。因此，头部是人身体的主要部位之一，也是对口头语言影响最大的身体部位之一。

> 头部动作有很多，不同的动作有不同的含义，对别人的影响也不尽相同。男性的头部动作一般比较硬朗，主要传达坚定、强硬的男性气质。女性的头部动作则比较丰富，能够表现温柔、妩媚、可爱、优雅等诸多信息。

想要表现出一种专注的神情，人们往往会头部直竖，不偏不倚，如上学时老师经常要求学生要把头摆正，不要东张西望，要专心听讲，这个姿势往往能让人集中精力，全神贯注地做一件事。有时，这个姿势也表示自己对某事持中立态度，古代人说的"不偏不倚谓之中"大概说的就是这个姿势。认真的男人是有魅力的，认真的女性也是可爱的，在倾听别人说话的时候，如果能够表现得更加专注，相信会为接下来的交流做好铺垫。

如果想表现出对对方的尊重和认可，人们经常会歪头注视对方，表示被对方讲述的事情吸引，正在期待下文。对方看到这个动作会更加有动力，这是对他的一种鼓舞。这个姿势在老师上课时或演讲等场合出现得比较多，台上的主角应该时刻观察观众的反应，这种姿势出现得越多越能说明主角的成功。如果能再适当地加几个点头的动作，会让对方感到很安慰。假如有人经常歪着头，若有所思地看着你，说明这个人对你产生了浓厚的兴趣。不过，歪头有时还会有另外一种含义。比如，有些罪犯在被审讯期间总会歪着头、斜着眼睛看人，这可不是因为罪犯对你感兴趣，而是一种挑衅。说明罪犯根本就不服气，不害怕。因此，同样的动作在不同的场合、不同的环境下，却有不同的含义，不能一概而论。

当一个人承认错误，表示愿意接受批评时，经常会低着头。比如，你考试成绩很不理想，害怕被老师和家长批评，这样显示出自己已经知道错了，也许就不至于受到太严厉的批评。或者从另一种角度理解，做这个姿势是为了收缩自己，让自己不容易被发现。这个动作如果在谈判桌上出现，必然会降低你的气势，增长对方的气焰。在电视上经常会看到，当弱小者被打劫或围堵时，大多都会做出低头的动作，同时还会收缩身体，这也可以被认为是一种条件反射，是人害怕时做出的第一反应。有时候突然把头低下是为了隐藏自己的面部表情，谦虚或害羞的情况下往往会不自觉地做出这个动作；当有意识地做出这个动作时多半是为了掩饰，这种人很多时候是充满敌意的，他们在低头的同时眼睛会不由自主地怒视敌人，内心会极度紧张，和害羞的动作有很大区别。

女性给人的感觉更加娇弱，如果能够在适当的时候低下头，就能够为自己赢得同情，在无声中为自己求情辩解。

假如你想在别人面前表现自己的精神和活力，可以采取抬头挺胸的姿势。在部队进行训练时，军官就经常会要求士兵挺胸抬头，以表现出军人的精神和力量。头部忽然间上扬，往往是看见某人或某件物品时非常惊讶，这是吃惊时的一种反应。当一个人突然明白了一件事时，也会做出这种动作，暗含着"原来如此"的意思。有时候抬头也是在告诉对方自己已经知道他的存在，他可以发言了。这种情况多出现在上下级或长辈和晚辈之间，如一个小伙子去和他妈妈谈事，发现妈妈正在专心工作，就静静地站在那等待，当妈妈抬起头时不需要任何言语，小伙子就明白他可以说话了。

如果抬头的幅度偏大，稍显向后仰时，表达的又会是另外一种意思。这种情景一般是这样的：一位成功人士舒服地将整个身子靠在沙发上，抬头望着顶部，双手垫在头下，跷着二郎腿，这是自信者的姿势。很多时候是成功后的动作，包含着对悲惨往事的回忆和成功的感慨。当然，也不尽然，有些实力强大的人藐视弱者时，也会出现这种动作。女性最好不要采取这种头部动作，这会让人觉得你骄傲冷漠。

前倾和后仰。一般情况下，前倾的动作和昂头是同时出现的，多表示对某件事很感兴趣，经常是因为受到某种吸引时做出的反应。后仰很多时候表示对某件事或某个观点不认同，不以为然。当然，环境不同，相同的动作也会有不同的含义。如果一个人面无表情或者很严厉地前倾昂头，很有可能是在威胁你；向后仰则是一种放松的姿势。

表示认可、同意或赞同时人们通常会点头，这是出现频率很高的一个动作。除此之外，点头还有很多含义，有时仅仅用来表示"听到了"，但不表示同意对方的观点。当你试图将自己的观点传达给另外一个人时，如果对方偶尔点一下头，说明他在听，并且在认真思考；如果对方不停地点头，说明他不认同你的观点或对你的谈话内容不感兴趣；如果对方在不该表达自己看法的时候点头了，说明他没有专心听你讲话，也有可能隐瞒了你什么事情，害怕被你发现。我们在听别人讲话的时候，尽量不要频繁点头。点头就像是插话一样，需要根据对方的话语，选择时机，恰到好处地点头，会让对方觉得你善解人意。

女性的头部动作不仅是一种身体语言，更是个人气质的体现，因此，我们要理解和掌握多种头部动作及其含义，让头部动作在无声中帮助你说服对方，取得对方的认可。

让站姿为你的言语加分

歌手王菲一向特立独行，她在演唱会上除了唱歌之外极少开口说话，舞台动作也不多，常常是站在那里静静地唱完一首歌，虽然没有舞蹈，但她的魅力依旧难以抵挡。她的站姿能够帮她散发出迷人的魅力，不需要言语，所有的歌迷就会被她打动。

现实生活中，优雅的站姿也能够帮助我们提高魅力。很多人的站姿都有这样那样的毛病。有的女人站在那里，人们会赞赏她"亭亭玉立"；有的女人站在那里，人们则会摇头说"站没站相"，可见站姿也是一门学问。

在站姿上应该加以区别，要选择适合的站姿，为自己的言语交流提供帮助。

> 女性的标准站姿应该是：不弓腰驼背，不挺肚后仰，不依靠其他物体，不将两手插入裤袋或叉在腰间，不抱臂而站。双脚可以呈"V"字形，也可两只脚略微分开，一前一后，但距离不应太大，前脚的脚后跟要靠近后脚的脚背，后腿的膝盖要向前腿靠拢。女性可以适当地变换姿态，不应一直保持一种姿势，肌肉要适度放松，不可显得太过僵硬，否则会失去动态美。

还有很多不同的站姿，我们都要学会，保证自己无论怎么站，都要站得有气质。

背手站立。采取这种姿势的人，大多数都有很强的自信心，他们往往可以掌控一定的局势，操控能力较强。领导如果在下属面前保持这种姿势，可以适当增加威严。但这种姿势有官僚化的趋向，最好不要带到交际场合。

背手站立还有另外一种情况：有些人在努力压制自己的情绪时，会用一只手从后面抓住另一只手的手臂。这种姿势应用在服务业中，是想表明"我没有任何行动，你不会受到威胁"。

双手叉腰而站。这种姿势具有一定的攻击性，一些领域内的"一把手"往往会摆出这种姿势。他们大多拥有雄厚的实力，对所面临的事务有很充分的准备。如果某个人在采取这种姿势的同时，还不时地用脚尖拍打地面，说明这个人有很强的领导力。鉴于这种姿势的攻击性太强，在比较严肃的商务谈判场合不适合出现。

双手插入口袋。这属于一种较为成熟的姿势，这种人不会轻易透露自己的心思，有什么事经常会在心中盘算、策划。心情沮丧或苦恼的人，很多时候会保持这种姿势，偶尔还会有弯腰曲背的动作。

双腿交叉而立。采取这种姿势时经常会靠在墙壁或办公桌上，暗示对方的意见持保留或轻微拒绝的态度。有时也是拘束和缺乏自信的一种表现，容易让人与之交往时产生些许冷淡之情。这样的人大多不善于隐瞒，也不善于掩藏自己的想法，想到什么就会说什么，但他们懂得掌握分寸，因此，这些人的人缘大都不错。他们多数懂得为别人考虑，豁达大度，很容易接纳别人。开会时经常会有这样一种人，他们总是让双臂和双腿都保持交叉的姿势站立。你再观察仔细一点儿会发现，这些人和其他人的距离很远，比一般的社交距离要远得多。这是大部分人在陌生环境下的一种反应，如果你和这些人交谈的话会发现，他们和其他的与会者都不太熟悉。采取这种站姿的男性大多都缺乏自信而且沉默寡言。

女性有一种习惯姿势是单腿交叉，即一条腿直立，另一条腿弯曲与直立的腿形成交叉。它除了表示会继续待在原地外，还有拒绝接近的含义。

弯腰曲背。在青春发育期的很多女孩子因为对身体变化的认识不足，很容易出现这种站相。原本是出于害羞心理，可长此以往很容易形成习惯，这种姿势是意志消沉或自我抑制的表现，所以，对于女孩子的这种站姿应该积极引导，加以改正。另外，很多仆从多采取这种姿势，这种姿势几乎永远是配角的象征，在家人、同事、领导或客户面前，你好像从来都与主角无缘。要想改变这种现象，一定要改变这种站姿，直起腰来。

稍息的姿势。有些人站着的时候喜欢双臂舒展，手掌放在身体前方，松开外套的衣扣，外表显得非常放松。他们的身体重心放在一条腿上，另一条腿自然地伸向前方，脚尖所指向的方向，很多时候就是内心所向往的地方。在电影、电视或很多画作中，一些身份高贵的男主人公总是保持这种姿势，因为这样能够展示出他们精美的袜子、鞋子和裤子。通常情况下，这个姿势看起来很像是一个人准备迈步的样子。聚会时，人们伸出的那只脚往往会朝向最幽默的那个人，或是最吸引人的那个地方；想要离开时，那只脚就会朝向距离最近的一个出口。

在不同的场合，站姿应该做出适当的调整。

工作场合站着与人交谈时，手中没有东西的情况下，男女都可以将双手交叉放在体前，左手在下右手在上。如果女士身上背着皮包，可以用皮包做装饰品摆出自然而优美的姿势。一些人喜欢将一只手插入口袋，一只手放在皮包或皮包的背带上，这种姿势也可以效仿，同时可以随意变换手的位置。如果有兴趣的话平时可以对着镜子摆几种造型，从中选出自己喜欢的姿势。男士应该注意不能在工作场合采取双手叉腰或双臂交叉的姿势，不能将手插在裤袋里，更不能拿着一些打火机、香烟盒之类的小东西边说话边摆弄。

与领导或长辈交谈时，女士要保持直立，也可稍稍弯腰，但不能倾斜，可将双手相扣放于身前。在同事或朋友面前时，站姿也要保持挺直，双脚可以叉开，距离保持在10厘米之内。

对于从事服务行业的女士来说，站姿尤其重要。服务场所的正规站姿是抬头挺胸、目视前方、双臂自然下垂、双腿并拢、双脚呈"V"字形，身体重心放在双脚中间。一般女士可以用小丁字步，一脚稍向前，脚跟紧挨另一只脚的内侧，或双腿并拢，脚尖呈"V"字形，双手交叉放于腹前。当女士身穿旗袍或礼服的时候，双脚最好不要并排而站，要一前一后，前脚与后脚的距离在5厘米左右，将身体的重心放在一只脚上。

站姿是一个人最基本的姿态之一，也是一种非常重要的身体语言。如果你站在那里，让别人觉得非常不舒服，对方在与你交谈的时候也就不会那么有耐心，对你的话语也会有抵触。如果你的站姿非常优雅，就能够很好地契合你的言语，增强你的影响力，让别人喜欢你，听从于你。因此，女士们应该训练良好的站姿，让站姿为你的言语加分。

握手的礼仪

人的身体本身可以影响到别人，那么握手会不会像语言一样，传达我们的心声，影响到别人呢？答案当然是肯定的。握手时两者会进行肢体接触，必然可以更真实地感受到对方的存在，双方的某些信息会通过握手相互传递，彼此影响。只是每个人握手的方式都是不同的，所以产生的交流效果也会千差万别。

> 女士在交际中一般需要显示自己的优雅矜持，因此，一般都是女士先伸手，但是不能主动握男士的手，而是要伸出手等待男士握住自己的手。另外，女士们在与男士握手的时候，不能时间过长，否则会让人觉得过于热情。

季宗强是一家房地产公司的副总经理，一天，他接待了一位来访的销售经理，这位经理姓李。李经理是一家建筑材料公司的，她希望能够将自己公司的建筑材料出售给季宗强所在的公司。

季宗强请秘书将李经理带到了自己的办公室，秘书给双方做了介绍。之后季宗强就离开了办公桌，面带微笑地朝李经理走去。李经理只是微笑着点头，季宗强看到没办法，就先伸出了手，他的手还没有完全抬起来，李经理就好像恍然大悟一样，马上热情地跟他握手。季宗强表现得很客气，说："谢谢你专门来为我们公司介绍产品，你先把材料留下吧，等我看了再和你联系。"就这样，李经理在两分钟之内就被季宗强送出了办公室。接下来的几天，李经理每次打电话得到的回复都是"季总出差了"。

是什么原因导致了李经理的失败呢？季宗强后来提到这件事时说："她和我当时是第一次见面，作为一位女士，按理说应该先伸出手来让我握。可是她竟然不懂这个道理，等她明白过来之后，我的手还没伸出来，她就抓住了，让我觉得很尴尬。我们是合作关系，还有很多公关的事情需要她去做，但是她的礼仪让我失望。待人如此，相信她工作能力也不会好到哪儿去。作为一名销售经理连最起码的握手礼仪都不懂，又怎么能带给下属好的影响？所以，我们公司是不会和这样的公司合作的。"

可见，握手并不只是一个简简单单的动作，还有很多讲究。比如，通常情况下，要职位高的人或女士、长辈先伸手，表示愿意和对方握手。因此，到了该握手的时候，女士们应该主动把手伸出来，然后等待对方握自己的手。另外，相对男士，女士有着天然的优势，即使与自己握手的男士比自己职位高，也不要表现得过于热情。

要想通过握手为自己的言语加分，掌握多种不同的握手方法，以及它们所适用的场合是非常必要的。

标准方式。军人握手的方式大都比较标准，一般要求双方距离1米左右，立正后上身稍向前倾，同时伸出右手，手掌张开与对方相握。握手时要掌握好力度和上下晃动的幅度，晃动3次或4次是标准的，之后松手，恢复立正姿势。

单手相握。这是使用频率最高的一种握手方式，即用右手单手和人相握，被人称为"平等式握手"。手掌多垂直于地面，有不卑不亢的意思。也有掌心向上的，被称为"友善式握手"，有谦恭、谨慎之意。或掌心向下的，被称为"控制式握手"，有自高自大、高高在上的感觉。

双手相握。一般是用右手握住对方右手的同时用左手握住对方右手的手背，表示热情友好。在中国，这种方式多用于关系比较亲近的人之间，如亲友间或老客户之间，可以表达双方深厚的情谊。但如果是初次见面或是异性朋友就不适合用这种方式，它很容易被对方认为是有意讨好或失态的表现。另外，也有人在右手握住对方右手时，用左手握住对方右手的手腕或手臂，这些可以用在特别亲近的人之间，切不可滥用。

远距离相握。是指双方相距较远，在对方还未伸手之前，就伸长手臂去够对方的手，这种方式看起来很像是一方有意讨好而另一方在故意冷落。一般场合不适合采用，那样会显示出你的紧张和害怕，会降低你的身份，破坏你的形象。

近距离相握。离得很近，甚至紧挨在一起握手。这种方式虽然会显得双方关系亲密，但握手时手臂无法伸直，看起来不大好看。最好是双方伸手时偏向对方的侧下方，这样既可以保证握手时手臂伸直，又可以离得很近。

轻触式。握手时只是轻轻一触，马上分开，握得不紧，力道也不够。这种方式会显得你不够热情，死气沉沉。如果在面试时使用这种握手方式，会显得你很害怕，而且缺乏信心。

紧握式。力度适当可以表示热情友好，但力度太大，容易让人感觉你是在示威挑衅。这种人大多喜欢逞强，有很强的表现欲望。

方式正确的前提下，还要注意一些握手时的问题。

主动起身是一种礼貌。当别人和你握手时，你仍然在那儿坐着是不合适的，应该主动走向对方，和对方缩短距离。不过，当长辈与晚辈握手时是可以坐着的。

神态专注是和人握手时的一种礼节，这是热情、对人尊重的表示。一般应该面带微笑目视对方，握手的同时还要有问候的话语。当别人的手已经伸出来时，千万不要装作视而不见，不要东张西望或是忙着和他人打招呼，这样会给人一种傲慢冷淡的感觉。

握手的力度要适当，一般和提两千克左右物体的用力相当。为了表示热情，可以稍微大些，但不应过度，尤其是对待初识者和异性。

握手时间通常不需太长，整个过程保持在3秒钟左右即可，上下晃动两下就可以。时间太短，诚意不够，好像对对方有所戒备；时间太长，容易让人觉得虚伪。

不管什么情况，不要拒绝和别人握手；不要没有表情，一句话不说地只为了应付才和别人握手；不要用左手和别人握手，特别是印度人，他们认为左手不干净；不要戴着手套和人握手，除非是女士在比较正式的社交场合时；只要不是患有眼部疾病就不要戴着墨镜和人握手；不要在握手的同时，另一只手还拿着东西舍不得放下；不要只握一下对方的手指尖就立即松开，那是有意保持距离的表现；不要在握手时说个没完，半天不放；不要将另外一只手插入口袋；不要握手之后当着对方的面擦拭手掌；不要在握手时拉拉扯扯，动作过大，让对方全身晃动。

作为女士，要掌握两点，那就是主动伸手，被动握手。你要表现出自己愿意握手，男士才可以与你握手，但是伸手之后，一定要显示女性的矜持，等待男士主动与你握手。现在，越来越多的女性活跃在职场上，要想让自己的事业更上一层楼，就需要让自己的行为语言为自己加分，握手是一项非常重要的行为礼仪，运用得当的话，能够恰当地传达你的内心，因此，女士们应该根据场合选择合适的握手方式，通过合适的方式表现自己的气质，给别人留下良好的印象。

拥抱传递关爱

拥抱属于一种肢体语言，同时也是一种礼仪。它主要流行于西方，是表现双方亲近友好的形式之一，可以拉近彼此的距离，蕴含着温暖的意思。儒家传统思想讲求"男女授受不亲"，认为男女在公共场合的肌肤之亲属于不讲礼仪的行为，因此在中国并不盛行。拥抱礼仪传入中国也不过百年之久，大多用于同性的亲密朋友之间，在久别重逢之际或临别之时用得较多。作为一种肢体语言，同样可以为我们的交际加分。

> 拥抱可以在欢乐中相互庆贺，也可以在悲伤中起到抚慰的作用。它可以包含多种信息，比如表达喜悦之情、表示问候之意、寄托离别的惆怅、传递支持、心怀敬意等。想要烘托深深的爱意时也可以进行拥抱，很多时候它比语言更能带给人安慰和鼓励。

王丹是一位幼儿老师，她的班上有一个叫芳芳的小朋友。芳芳的爸爸妈妈离婚了，她是跟着奶奶长大的。第一次来幼儿园时，她是被奶奶生拉硬拽地带来的，她讨厌幼儿园，这是毫无疑问的。但是，她不是和其他小朋友一样用哭闹来反抗，而是直接用头去撞墙，如果有老师去拉她，她就故意从老师的手上挣脱然后摔到地上。她的行为着实让老师们很头疼。

王丹决定好好观察一下芳芳，她发现芳芳很聪明，只是缺少父母的关怀，奶奶的个性又比较刚强，经常用强制手段来制止芳芳的无理取闹。芳芳不喜欢小朋友，也不喜欢老师，她总是一个人跑到教室外面玩。王丹开始试着主动接近她，上课的时候让她发言，吃饭前让她当值日生给大家分发毛巾，总之，尽量给她表现的机会。可是，她还是不喜欢来幼儿园，每天早上入园时还是要闹。

忽然有一天，芳芳很高兴地来到了幼儿园。王丹看着她开心的表情特别想知道是什么原因让她发生了这么大的转变。当她正要开口询问时，芳芳的奶奶说道："真是太感谢你了，王老师。芳芳昨天回家后可高兴了，她告诉我老师特别喜欢她，给了她一张贴画还抱了她，今天一大早就要来幼儿园。"王丹想："原来是那张贴画起了作用，这下好了，算是解决了一块心病。"

下午放学的时候，王丹又拿了一张贴画给芳芳，可并没有看到芳芳多么高兴。难道她这么快就对贴画厌烦了？正当王丹蹲下身想问清楚时，芳芳高兴地张开双臂抱住了她。这时，王丹才明白，原来芳芳想要的是一个拥抱。

当对方行拥抱礼时，你应该从容而礼貌地给予回应。不管是在进行还是在接受拥抱礼时，都要注意拥抱的目的和动机，千万不要"表错意"或"会错意"，以免在对方面前失了礼数。

不要贸然或突然拥抱他人，特别是陌生人，那样非常不礼貌，甚至有可能因此惹上官司；在商业场合拥抱要谨慎，特别是异性和上下级之间，最好采用握手礼，以免给名誉和职业带来负面影响；要讲求"女士优先"的国际原则，女士们千万不要等着男士来拥抱自己，而是应该首先张开自己的双臂。

拥抱的时候有几点要注意，免得弄巧成拙，好心起到了相反的效果。

异性之间慎用。拥抱毕竟是亲密接触，除非时机特别适合，大家都不会会错意，否则尽量不要拥抱异性。尤其是对方有配偶或者女朋友，就更要小心了，免得惹来不必要的麻烦。

不要有待遇上的差别。比如，在一个分别的场合，你只拥抱了张三和李四，却把王五抛在了一边，会让大家都非常难堪。

拥抱万万不可勉强。拥抱需要有真情流露才有必要去做，而且是两个人有相同感受的时候，不要不管别人的感受，贸然去拥抱人家。

拥抱也有"女士优先"的说法，如果异性对你主动拥抱，你要小心对方有什么不良企图。

无论是拥抱还是以其他方式接触别人的孩子时，都要征求孩子父母的同意，这是起码的礼貌，否则易招人反感。

行拥抱礼时，切忌把手放在对方腰部以下或站在对方正前方与人面对面地拥抱。

另外，拥抱礼在不同的国家也有不同的讲究。在意大利、希腊、西班牙等一部分欧洲国家的商务交往中，人们往往在第一次见面时会采用握手礼，第二次见面时大多会选择拥抱。俄罗斯的男性好友见面时总是先握手，然后再紧紧拥抱。在大部分拉美国家，比较盛行热烈的拥抱；北美国家，像美国和加拿大，大部分男性认为拥抱显得过于亲密，有些出乎意料。在我国，普通的社交场合一般不会拥抱，除非是参加外事活动。即使在涉外交往中拥抱礼仪也不可随便使用，要尊重对方的民族传统和风俗习惯。欧洲和大部分亚洲国家的人也都不喜欢行拥抱礼。

总之，应该掌握正确的拥抱礼仪和注意事项，通过适当的拥抱将个人魅力散发出来，让自己更受欢迎。

第七章

女人说话要善于变通

说话之前要先看对象

"到什么山上唱什么歌"，与人说话也一样，见什么人说什么话。有的人觉得这是圆滑狡诈，其实不然。我们并不是提倡两面三刀，人前人后不一样，而是说遇到不同性格、年龄和身份的人，要根据对方的不同需求，说出不同风格的话，只有这样，我们才能够进入不同对象的内心，和各种各样的人做朋友。

我们交谈的对象可以是社会上的任何一种人，每一种人具有不同的年龄、性格、品位，每一个人的观念都不尽相同。因此，我们在日常生活中对不同的人说话讲究也不同。

> 女人心细，如果多加留心，就能够发现每个人的不同之处。另外，女人如水，更加灵动，这都是女性的优点，能够帮助女性取得不同人的信任。在古龙的小说《绝代双骄》中，就有一个非常善于说话的女人，她灵巧善变，虽然不会武功，但是仅凭自己的医术和伶牙俐齿，就笼络了一众武林高手。这个女人就是苏樱。

苏樱遇到花无缺的时候，看出来花无缺是一个谦谦君子，不擅长和女人交流，而且花无缺有求于自己。于是，她就言辞犀利，说得花无缺哑口无言。

苏樱道："阁下既然远道而来，难道连一句话都说不出吗？"

她话虽说得客气，但却似对这已笑得狼狈不堪的来客生出了轻蔑之意，嘴里说着话，眼珠却又在数着水中的游鱼。

花无缺忽然道："在下误入此间，打扰了姑娘的安静，抱歉得很……"他微微一揖，竟转身走了出去。

苏樱也未回头，直到花无缺人影已将没入花丛，却突又唤道："这位公子请留步。"

花无缺只得停下脚步，道："姑娘还有何见教？"

苏樱道："回来。"

这两个字虽然说得有些不客气了，但语声却变得说不出的温柔，说不出的婉转，世上绝没有一个男子听了这种语声还能不动心。花无缺竟不由自主走了回去。

苏樱还是没有回头，淡淡道："你并未误入此间，而是专程而来的，只不过见了苏樱竟是个少女后，你心里就有些失望了，是吗？"花无缺实在没有什么话好说。

苏樱缓缓接道："就因为你是这种人，觉得若在个少女面前说出要求的事，不免有些丢人，所以你虽专程而来，却又借词要走，是吗？"

花无缺又怔住了。

这少女只不过淡淡瞧了他一眼，但这一眼却似瞧入他的心里，他心里在想什么竟都似瞒不过这一双美丽的眼睛。

苏樱轻轻叹了口气，道："你若是还要走，我自然也不能拦你，但我却要告诉你，你是万万走不出外面那道石门的！"

花无缺身子一震，还未说话，苏樱已接着道："此刻你心肠已将被切断，面上已现死色，普天之下，只有三个人能救得了你，而我……"

她淡淡接着道："我就是其中之一，只怕也是唯一肯出手救你的，你若对自己的性命丝毫不知珍惜，岂非令人失望！"

苏樱的目的是问出花无缺"移花接玉"的秘密，但她知道花无缺不会对女人无礼，因此轻描淡写，不急不缓，每句话都说得花无缺无言以对。等到白夫人找她的时候，她知道白夫人是一个阴险狡诈的人，但畏惧她的干爹魏无牙，因此她言语冷冰冰的，很快就将白夫人赶走了。

苏樱瞧也没有瞧她一眼，淡淡道："你为何现在就来了，你不放心我？"

白夫人笑道："只不过大家都知道妹妹你心高气傲，所以要我来求妹妹，这次委屈些，只要这小子说出了'移花接玉'的秘密，咱们立刻就将这小子杀了给妹妹出气。"

苏樱到这时才冷冷瞟了她一眼，道："你觉得我对他这法子不好？"

白夫人又赔笑道："不是不好，只不过……咱们现在是要骗他说出秘密，所以……"

苏樱冷冷道："你觉得我应该对他温柔些，应该拍拍马屁，灌灌他迷汤，必要时甚至不妨脱光衣服，倒入他怀里，是吗？"

短短几句话，就将白夫人讽刺得体无完肤。在这里，苏樱也说明了她对花无缺说话的时候并不热情的原因。等到了自己心爱的小鱼儿面前的时候，苏樱就完全变成了一个调皮可爱而又深情款款的小女人。

小鱼儿在里面绕了几个圈子，忽又在她面前停了下来，笑道："我知道你是个好人，而且对我很好，我骂你，你也不生气，但你为什么偏偏要将我关在这里呢？"

苏樱幽幽道："你是个爱动的人，性子又急，我若不将你关起来，你一定早就走了，但你的伤却到现在还没有好，若是一走动，就更糟了。"

小鱼儿笑道："原来你还是一番好意。"苏樱嫣然一笑，谁知小鱼儿又跳了起来，大吼道："但你这番好意，我却不领情，我是死是活，都不关你的事，你莫以为你救了我，我就该听你的话，感激你……"

苏樱垂下了头，道："我……我并没有要你感激我，是吗？"

……

小鱼儿大声道："我为何不生气，现在我一听'老鼠'两个字就头疼。"

苏樱道："但这两个字是你自己说的，我并没有说。"

小鱼儿板着脸道："我听人说都头疼，自己说自然头更疼了。"

苏樱忍住笑道："你不会不说嘛，又没有人强迫你说。"

小鱼儿看上去坏坏的，喜欢开玩笑，但是内心善良，心肠软，苏樱对他说话的时候，就满怀深情而又带点儿俏皮。没多久，小鱼儿就被苏樱俘获了。

古龙在字里行间，都充满了对苏樱的赞赏，她不仅征服了小说中的人物，也让读者们印象很深。由此可见，善于应变、话语伶俐的女人，深受大家的欢迎。

因此，女人在开口前，一定要考虑对方的身份、性格等诸多因素，合理选择自己说话的语气和方式，用不同的话语打动不同的人。

不同的场合，说不同的话

在社会交际中，我们不可避免地要出现在不同的场合，诸如宴会、婚礼、会议……场合不同，我们说话时候的语气及说话内容也应该有所不同，一个人的气质修养往往是通过言谈表现出来的。如果能够在各种不同的场合都言语得体，与人交际的时候就会更加顺畅。

相对男性而言，女性的心思更加细密，更能够觉察出不同场合的差异，这是女性独特的感性优势。女士们只要稍加注意，就能够使自己在不同的场合扮演好不同的角色。鲁迅先生的散文《立论》中有一个反面的事例，它启示我们在婚礼等喜庆场合中，应使用祝贺、欢快的语言，否则将引起主人或其他客人对你的反感。

一个富贵人家的儿子刚刚满月，这家人特地为儿子举办了生日宴会。宴会当天，不少亲戚、朋友应邀前来道喜，家里呈现出一派祥和欢乐的气氛。宴会中，主人将儿子抱出来，自然是想让客人美言几句。有个人说："您的儿子一看就是大富大贵命，将来一定会发大财的。"主人一听，惊喜万分，于是热情款待了这位客人。有个人说："从面相上看来，您的儿子是块做官的料。"于是他得到了主人的感谢。其中一个人说："您的儿子将来必定是要死的。"听罢，主人和其他客人无不愤恨，于是大伙儿把他狠狠揍了一顿，并将他赶了出去。

> 话虽是实话，但是在特定的场合内，该说什么、不该说什么，一定要心里有数。例如，有人在参加葬礼的时候这样吊唁："人死不能复生，笑对一切吧。"无论这个人身居何位，这样的吊丧都有损他的形象。因为"死"字加重了死者家属的沉痛感，"笑"字暗含着对死者的不尊重。如果能够这样吊唁："请您节哀顺变，保重身体。"如此吊丧，彰显了个人的涵养，提升了个人形象。因为"节哀顺变"劝阻死者家属不要过度伤感，"保重身体"提醒死者家属要照顾好自己，这都会让死者家属觉得温馨。

再如你是一位公司领导，那么你出席会议的频率就会增多。你不仅会定期组织内部会议，还会应邀参加一些外部会议。在内部会议上，你应当注意自己的措辞，多使用建议性、鼓励性的词汇，尽量不要使用命令性、打击性的词汇。同时，不要随便拿员工开玩笑，以免给员工留下不好的印象。唯有如此，才能调动员工的积极性，让员工更好地为公司服务。在外部会议上，个人不得体的一句话，有可能让公司错失商机，使公司蒙受巨大的损失。与此同时，公司形象会因个人形象而受损。可见，在会议等正式场合中，不能盛气凌人，应谨慎说话。只有这样，才能给他人留下良好的印象。女性虽然心细，但是话比较多，容易犯错，因此，在重要的场合，说话一定要谨慎。

在人际交往中，说什么、怎么说，一定要顾及场合环境，才有利于沟通。不顾及场合的心直口快是不值得提倡的。为了追求理想的表达效果，对于心直口快者来说，起码应注意这样几个问题。

首先，场合意识要在心理上强化。有些人在交际中主观上缺乏场合意识，说话直出直入，惹人厌烦恼怒，常常把事情办砸。也许他们对人很诚实，但是遇事时往往只从个人主观感觉出发，以为只要有话就应该说，心里有什么嘴上就说什么，不管什么场合与环境，结果有意无意地冒犯了人，自己还莫名其妙，不知道毛病出在哪里。有些人说话之所以惹恼人，并不是他们不会说话，而是场合观念淡薄，头脑中缺乏这根弦。所以，对于这些人来说，当务之急在于增强场合意识，懂得不同场合对说话内容和方式的特定限制与要求，时时不忘看场合说话。应当努力做到在每次参加交际活动时，要把场合大小、人数多少及其人物相互关系搞清楚，据此确定自己的说话内容和方式。在具体说法上，既要考虑自己的交际目的，又要顾及他人的"场合心理"，追求主客观的高度一致。

其次，要善于控制不良情绪。经验证明，人们忽略场合因素，造成语言失控，还常常发生在情绪冲动之时。比如，有的人喝酒之后，或遇到兴奋的事情时，情绪十分激动，甚至忘乎所以，不能自控，便会说出一些与场合气氛不协调的话来，造成不良后果。

最后，谈吐上的惯性要自觉摆脱。人们的言行往往带有一定的习惯性。有些不当的话语并不是主观上想这样说，而是受习惯的支配一不留神顺嘴流出来，造成与场合环境的不协调，事后连自己也感到后悔。所以，心直口快的人必须有意识地摆脱口语表达上的惯性，养成顾及场合、随境而言的良好表达习惯。

总之，场合不同，氛围不同，人们的心情也不同。因此，我们在交际场合中要善于察言观色，以免引起他人的厌恶或反感。个人在交谈中要区分不同的语言风格，在什么场合说什么话，倘若你这样做了，你就会成为一个受欢迎的、聪明可爱的女人。

学会察言观色

有时候，人们在说话时会掩饰自己的真实意图，或者隐含一些意思，不会直话直说。那么，我们就需要从与他人的谈话和沟通中察言观色，读懂别人。

察言观色包含两层含义，首先是通过别人的言语判断他们的性格特点和心理状态。女人心细、善解人意，因此在察言观色方面有着天然优势。如果能够运用这种优势，就能根据别人的言语判断对方的性格，进而调整自己的说话方式。

什么样的说话方式代表什么样的心理状态和性格呢？

拿交谈时的语速来说，慢性子的人习惯用慢节奏讲话，他们一般不会说出连珠炮般的话语来；性子急的人，大多数语速也比较快。

如果跟你谈话的人对你心怀不满，他们说话的速度就比他们平时的语速更慢，看上去不当回事。如果对方有意欺瞒你，不想跟你多说话，他们说话的速度就会比平时快，声调也会比平时高，看上去想尽快结束与你的谈话。

如果一个平时沉默寡言的人突然爱说话了，比平时开朗许多，你就要注意了，他很可能是做了什么不好的事情，因此心虚。本来平时很喜欢说话的人，突然不怎么说话了，也说明他的情绪出现了波动。充满自信的人，谈话时语气多为积极肯定；缺乏自信或性格孤僻者，谈话的节奏多半慢条斯理、有气无力。

有的人喜欢用暧昧或不确定的语气、词汇作为自己一句话的结束语，这样的人很会交际。有成功人士潜质的人都擅长用条件句，如"在某种意义上""这只是我个人的看法""不能一概而论""在某种情况下"等，这是一种中庸的说话方式。

还有的人在与你讲话的时候，看上去像是有心事一样，东张西望，摆弄手指。这种动作就表示他对你的谈话内容不感兴趣，或对谈话者感到厌烦。如果对方总是会重复你的话，表示对你很尊重，很重视你的话。

听别人说话时不停地大幅点头的人，说明很善于认真聆听；而虽然听话时点头示意，可是视线不集中于对方身上的人，表示对对方的话题不感兴趣；不停地点头，或者胡乱附和的人，多半是对谈话内容不了解；一面讲话一面自我附和的人，大都不自信，又不希望对方反驳，性情极为顽固，这种人不能与听者进行交流，往往朋友很少。

对于聪明细心的女人而言，只要对方一张口，她们就能透过对方的言语看破对方的心理，进而迎合对方的言语，给人留下好印象。

察言观色的另外一层含义就是，读懂对方的真实想法和意图。两人交谈的时候，要听话听音。别人没有把自己的真实意思表达出来，我们就要细细揣摩，对方有没有暗含什么意思。女人在倾听他人谈话时要能够领会对方的言外之意，这时候才能够做出令对方满意的回答。虽然说很多时候"傻傻"的女人也受欢迎，但"傻"是表面的，内心一定要清明。

> 我们在与人交谈的时候，一般都会就一件事发表自己的看法，对方在说话的时候，通常会根据自己的看法发表意见。我们如果能够了解事情本身，站在对方的立场考虑，就能够大致猜测出说话者的意图。这是一种非常普遍的察言观色的方法。

李续宾是曾国藩手下的一名爱将，他就是一个非常善于观察并揣测人们内心想法的人，深得曾国藩喜爱。一次，曾国藩紧急召集部下开会，在谈及当时的军事形势时，曾国藩语重心长地说："众所周知，洪秀全自长江上游挥兵东进，占据江宁，因此，江宁上游一带可谓洪秀全之重地。现在我们已分别占据了湖北和江西，依我看，倘若皖省收复……"正说到这里，坐在一旁的李续宾立时起身，直言道："以您的意思，我们应该进攻安徽？"听完李续宾的发言，曾国藩喜出望外："对！续宾所言极是，为将者，最重要的就是要有战略眼光，如此才算有大将风范。在这一点上，续宾无疑要比在座的各位略高一筹呀。"

李续宾并不见得拥有如此宏远的眼光，但善于观察，善于捕捉时机和细节，在曾国藩最需要支持和呼应的时刻，李续宾第一时间站了出来，这种机敏和果决很好地迎合了曾国藩，让他对李续宾另眼相看。

女性的感性超过理性，因此在通过客观事实推理方面有一定劣势，但是女性直觉比较准确，能够通过对方的音调感觉出对方情绪的隐含意思。因此，女士们要善于运用自己的优势，细心一点儿，通过说话者的言语判断出对方的性格、心理状态及隐含意思。如果能够准确理解对方的话语，你在与人交流的时候就能够少走弯路。

善于解围

生活中，每个人都难免会遇到一些让自己很尴尬的事情。在这种情况下，多数人都希望别人为自己打圆场，让严肃、紧张、尴尬的气氛变得轻松，让自己挽回失误。女性心细，更能够察觉气氛的微妙变化，因此，女士们要善于运用自己的优点，善于为周围的人解围。如果你能够帮助别人挽回面子，别人当然会对你心存感激。

一般情况下，女人会将自己置于接受帮助的位置，希望别人能帮助自己解围。其实，支持是相互的，谁都希望自己身边的人能在关键时刻为自己解围。比如，有时候自己的上司处于尴尬局面，自己的朋友和别人争吵不休，这时候你就需要为他们解围，化解尴尬，使事情出现转机。

> 当我们的朋友或者同事不注意言辞说了前后矛盾的话，或者做了什么不合适的事情，他们都会陷入僵持、尴尬的局面，这时候，就需要我们帮他们缓解气氛。清朝太监李莲英就是一个善于解围的人，这是他深受慈禧宠信的一个重要原因。

慈禧太后有一个很特别的爱好，那就是喜欢看戏。等看完的时候，慈禧太后就会根据自己的满意程度或多或少赏赐给演员一些东西。一次，慈禧太后观看名角杨小楼的戏，她对杨小楼的精湛演技非常欣赏，于是，在戏后便亲自召见杨小楼。

杨小楼非常机灵，言谈举止深得慈禧喜爱，于是她就把一大桌糕点全部赏赐给杨小楼。杨小楼连忙跪下磕头谢恩，同时他表示自己更愿意得到慈禧的墨宝。

慈禧正在兴头上，也就应允了，并询问他想要什么字。

杨小楼喜出望外，一边叩头一边回答："老佛爷多福多寿，可否赏赐小人一个'福'字？"慈禧听了杨小楼的赞美，心里非常高兴，马上就派人传文房四宝。等文房四宝来了之后，慈禧写了一个"福"字。然而，也许是慈禧太后太过于兴奋，把"示"字旁写成了"衣"字旁，居然写错了！身边的小王爷看出了慈禧太后的错误，便告诉了慈禧。

这样一来，气氛就尴尬了，跪在地上的杨小楼听了不知如何是好，自己若是接受了慈禧太后的这个字，必会遭人非议，若惹得慈禧太后大怒，自己的小命恐怕都保不住；可如果自己不接，那就是抗旨，照样保不住自己的脑袋。慈禧也觉得很尴尬，既不想给杨小楼，又不好意思说反悔。

正当慈禧左右为难的时候，太监李莲英上前说："老佛爷，您的福比天下任何人的福都要多出来一点啊！"杨小楼听了，连忙叩头说："老佛爷多福多寿，这万人之上的'福'小人可是承受不起啊！"慈禧一听，也就顺水推舟地说："那好，哀家改日再赏赐你。"

李莲英的话，巧妙解围了慈禧太后与杨小楼的尴尬，博得了双方的好感，这就是解围的妙处。当你的朋友或身边的人与别人聊天发生矛盾争执时，他们是比较尴尬的。我们不应该把自己当成局外人，而是要善于随机应变地解围，让彼此的矛盾得以化解。

有时候，当有人遇到尴尬时，如果你从旁边巧妙地为双方解了围，那么凝滞的气氛就会变得轻松，别人就会对你有好感。

孙琳琳在一家面馆当服务员。一次，一位顾客来到面馆，要了一份牛肉面。那个顾客可能是太饿了，等面条刚端上来的时候，他就迫不及待地尝了一口。也许是面汤的味道刺激了他的呼吸道，随着一声"啊嚏"，他的鼻涕和着汤同时喷在了桌子上。这时候，面馆里很多人扭头看着这个顾客，这个顾客鼻涕眼泪一直流，一脸狼狈相。

这时候，孙琳琳走上去说："哎呀，真的抱歉，您是不要放辣椒吧，我忘记了，所以放了辣椒。是不是呛到您了，我给您换一个没辣椒的吧？"这个顾客原本没有说不放辣椒，他顿时明白孙琳琳是在帮他解围，于是也笑着说："没事没事，吃点儿辣椒有好处，不用换了，谢谢你。"从这以后，这个顾客也成了面馆的常客。

孙琳琳免除了顾客的尴尬，这样的服务员不仅顾客喜欢，想必老板也会非常喜欢吧！不过，在解围时也要注意一个问题，就是要不偏不倚，否则，恐怕就是火上浇油，还不如不说。只有让双方都觉得你没有偏向，你解的围才能得到认可，才能达到想要的效果。

唐朝大将郭子仪的儿子郭暧娶了唐代宗的女儿升平公主为妻，两人成亲不久，正好碰上了郭子仪60岁的寿辰。他的儿女们全部到场贺寿，但是，其他人都成双入对，只有升平公主没有参加宴会，在场的人们对公主的行为议论纷纷，觉得公主倚仗权势不讲礼仪。

郭暧看到所有人都议论纷纷，不由得非常愤怒。宴会结束之后，他找公主理论，打了公主，还说了一些大不敬的话。公主觉得受了委屈，找到父皇和母亲讲了事情的经过，还提出让唐代宗惩治郭暧。郭子仪得知儿子打了公主，非常惊慌，他连忙亲自绑了儿子，到唐代宗面前请罪。

唐代宗并没有指责公主和郭家，而是笑着对郭子仪说道："孩子们吵吵闹闹是很正常的，互相劝劝也就过去了，何必如此当真呢？咱们做父母的就当什么事也没发生，人们不是说常说'不痴不聋不做家翁'吗？"就这样，看似紧张的气氛就变得轻松了，唐代宗谈笑间就解决了问题。

实际上，女人在日常交际中，需要灵活应变的事往往很多。有时要为自己的过失解围，有时要为朋友或者同事的过失解围。说好了，大家都好；说不好，不仅不能息事宁人，还可能火上浇油，扩大事态。所以，我们在解围时，一定要用同理心，找出尴尬者陷入僵局的原因，想出好的解围办法，最终达到和平解决问题的目的。

用正直的言辞应对搬弄是非者

关于"小人"的界定和说法有很多，但搬弄是非、挑拨离间肯定是其中最重要的标志之一。多数人的交际圈中，都会有这样一些搬弄是非者。相对男性而言，女性敏感多疑，因此"嚼舌根"的事情也就更多。所以，女士们在自己的交际圈中更容易遇到搬弄是非的人。这样的人非常让人讨厌，但是我们却又不能完全与他们断绝联系，因此，需要学会应对这些人，让自己的言语没有漏洞，不被他们曲解挑拨。

要想控制搬弄是非者，赢得与他们之间的言语交锋，首先，我们应该清楚地了解他们究竟是怎样的一类人。

从一定程度上说，搬弄是非者和自私自利者无异，他们考虑问题的出发点完全在自己这边，永远把自己的利益和好处放在第一位，拒绝做出哪怕是一丁点儿的让步和牺牲。但更可怕的是，较之于自私的人，搬弄是非者已经不仅仅满足于在被迫掺入利益纷争的情形下谋取利益最大化，而是主动采取近乎卑劣的手段谋求利益。他们有着非常强烈的忌妒心理，内心狭隘，幸灾乐祸，处处挑拨离间并试图借此捞取利益。这种人，对人非常主观，处事疑神疑鬼，妄加猜测和评论，同时还对别人的隐私和秘密非常感兴趣。

搬弄是非者，通常有着不错的"嘴皮子功夫"，甚至可以说能言善辩。他们通情达理，体贴他人，在与人交往时热情大方。也是出于这个原因，在刚开始与这一类人交往时，你会觉得他们是非常值得信赖的朋友。于是，有些人开始和他们做倾心之谈，把心底最真实的想法和顾虑与他们分享，甚至包括自己对某些人的成见和非议，但过不了多久，你就会发现身边的人开始对你议论纷纷，说你不值得信赖，说你居心不良，你摸不着头脑地想了半天，才想起了你那位"通情达理"的朋友。

> 人们应该相互信任，这是我们都希望看到的事情，但社会现实却决定了我们必须时刻保持谨慎和小心，凡事留一手，不要轻易地就放下自己所有的心理防御，不要轻易对别人掏心掏肺，不要将自己的秘密和盘托出，不要被表象蒙蔽。和任何一个人交往，你都要留出足够的时间熟悉对方，避免刚刚认识两天就视对方为莫逆之交，无忧不谈，无愁不叙。

认识到了上面的几点，我们就可以采取一些更有针对性或者说更有效的交流方式和原则，面对搬弄是非者了。

首先，要想让搬弄是非者无可乘之机，最好的方式就是让自己的言语正直，所谓"不做亏心事，不怕鬼敲门""身正不怕影子斜"其实都讲了这样一个道理。没有了把柄，搬弄是非者也就无计可施了，这是最根本、最行之有效的方式。当然，一个人不可能是十全十美的，我们或多或少都会有一些缺点和瑕疵，但清者自清，浊者自浊，只要保证自己说出的话在原则上是正大光明的，即使把柄真的落到搬弄是非者手里，留给他们的可操作空间也非常有限。

其次，要拒绝迁就，做到零容忍。当搬弄是非者在你面前肆意渲染事实真相抑或诋毁他人时，要第一时间制止他。你应该尽力地说服他改变这种陋习，搬弄是非者通常更关心他人的缺点和不足，并将其放大。这时，你可以顺着他们的意思走，承认对方的缺点，然后再充分肯定对方的优点，最后反戈一击，说明搬弄是非者在评价他人缺点时的过分之处。如此一来，时间久了，搬弄是非者会逐渐意识到自己错误的认知方式，并做出改变。再者，你果断地表明自己与搬弄是非者的对立性，也可以让你免去很多不必要的麻烦和纠缠。和搬弄是非者待在一起，本身就是一件有风险的事情，一旦无法和他们保持一个明确的距离，你和他们很可能成为别人眼中的同流合污者。

最后，和他们在一起，要学会沉默。改变不了他们，那我们就保持沉默。"闲谈莫论人非"，不要有事没事地就议论别人的是非，尤其是当你面对一个守不住嘴的人时；至于直接关系到自己利益的话题，就更不要轻易地提及了，不要干自己出卖自己的傻事，更不要怀疑一个搬弄是非者的能力。

当然，在与这类人具体的交流过程中，你也可以掌握一些方法和原则。比如，只谈问题，不谈关系，有事儿说事儿，有问题处理问题，始终本着公平公正的原则，一切关系靠边站。再如，只论公事，不聊私事，尤其在工作时，工作就是工作，跟个人琐事没有关系。

用热情开朗的言语接近内向者

就人的性格分类来说，一种非常笼统但常见的方式就是内向型和外向型两大类。通常，外向的人主动、灵活、阳光，处事机敏，审时度势；而内向型的人则情感细腻、不善言辞、神经敏锐。审视一下你周围的人，一定不乏内向者，我们不能孤立他们，让他们陷入孤独，而是应该主动与他们交谈，让他们卸下防备，成为我们的好朋友。

在接近陌生人、与陌生人交流方面，女人有着巨大的优势。因为女性一般会让人觉得比较安全无害，多数人对于女性不会有很强的戒备心。因此，女人要利用自己的优势，用热情的言语感化身边内向的人，在帮助他们的同时，扩大自己的交际圈。

外向型的人更倾向通过外部世界实现自我价值，而内向型的人则更倾向通过自我而非外界达成自己的目标和需求。内向者的快乐和幸福，更多地由自己的内心生发，而非依赖别人的认可和赞许。他们拥有自己的生活理念和方式，很少因为外界的改变而动摇自己的价值观，他们富有理想，追求个性，对事物的认知深入而独到，坚韧不拔，为了实现自我目标，常常不辞辛苦、不怕折磨。

因此，要想进入内向者的内心，让他们敞开心扉或者对你产生好感和依赖感，我们首先应该尽量纠正对他们的偏见和错误认知。他们虽然不善言谈，但绝对不是冷漠者；他们虽然为人低调，但绝对不是自暴自弃者；他们处事优柔，但并非反应迟缓。甚至，他们虽然喜欢独处，但并非对外界没有渴望，一个人再独立、再自我，也不可能完全隔绝对群体的依赖与需求，他们只是缺乏积极主动的心态，将自己的需求收敛在一个相对较小的空间里。

显然，在与性格内向者相处和沟通时，我们要有积极主动的心态，发挥女性温柔热情的特点，用热情打动对方，用温暖让内向者冰封的情感解冻。通常，内向的人都不喜欢说话，即使面对自己非常关心和希望理解的问题也是如此。因此，你要时刻保持热情关切的心态，最大限度地消除他们的恐惧和顾忌心理，主动提出解决问题的可能性，并征询他们的意见，做到循序渐进、循循善诱。同时，对于他们的观点和想法，我们要给予足够的肯定和支持，让他们真切地感受到自己受到了重视，这样，才会让他们视你为一个理想的听众，并慢慢地向你敞开心扉。

> 性格内向的人情感细腻，对于细小事物的观察十分深入，但这也导致了他们容易产生遐想和猜疑，常常因为说话者的一些无意之失而浮想联翩，最终与对方产生隔阂或者产生抗拒心理。因此，要想打动内向者，我们要十分注意自己的言行，不该说的话绝对不说，有歧义的话也尽量避免，时刻做到尊重对方、理解对方，杜绝以任何一种方式调侃、嘲笑他们。学会换位思考，多从对方的角度分析思考问题，言辞要恳切，语气要和缓，切忌躁动粗犷的交流方式。

要善于观察和理解，即使做不到，至少也让自己尽可能地朝着这个方向努力。内向者不善通过语言表达自己的想法，但他们会通过肢体动作、表情等间接的方式传达很多有价值的信息，不要总是觉得他们的某个动作是没有意义的，内向者非常善于利用眼神、动作等传递自己的立场。如果你无法读懂并利用他们的潜在信息，也就很难在彼此的交往中处于主动的地位。

试图更清楚、更透彻地了解一个人，一直是走入一个人内心并获取他理解和支持的途径之一，对于一个内向者，这一点尤为重要。通常，我们之所以对一个内向者感到手足无措，难以和他们成为朋友乃至知己，正是因为对他们了解不够。因此，抓住所有的机会了解他们，不管是用直接的还是间接的方式。你了解他，才能够更有效地和他沟通与交流，哪怕是刻意地投其所好，你也会比别人更有优势。熟悉彼此，是缩短两人感情距离的最佳途径之一，会让你们最大限度地发掘彼此的共同点，并在这个基础上建立更深刻的关系。

耐心是走近内向者的必要途径之一，相对性格开朗者，和内向者交往是一个"慢工出细活儿"的过程，小火慢炖才能煨出友谊和信任。和他们交往，要戒骄戒躁。他们说话时，你耐心听；他们不懂时，你要耐心解释，这其实很容易做到，因为这无关技巧，而只需要一种态度，但这足以让他们悬着的心迅速平静下来，而且是以"软着陆"的方式。

总之，面对内向者，顺应他们的心理是十分必要和可取的：他不喜欢说话，就不要把他推上演讲台；他不苟言笑，就不要用一些无聊的笑话逗他；他不喜欢受人指挥，就不要在他面前指指点点。让自己安静下来，他也就会自然地和你靠近了。

用温暖的言语打开孤僻者的内心

生活中，孤僻者是一个令很多人都感到头疼的群体。他们离群索居、独来独往、自我禁锢，对他人怀有较强的戒备心理，整日笼罩在焦躁烦闷的情绪中郁郁寡欢。他们以自我为中心，凡是和自己无关的事情，很少主动插手。这种人在与人交往时也谈不上热情和活跃，自始至终都给人一种不舒适的感觉，他们行为诡异，甚至看起来还有点儿神经质。

　　和这种人交往，尤其是在刚刚接触他们时，你会自然不自然地有一种压抑和恐惧心理，因为他们的行为举止总是脱离常规，整个人看起来也忽冷忽热、神神秘秘，给人一种无法掌控和无法揣摩的感觉。

　　女性多数性格比较温和，能够给人以母性的温柔的关怀，因此，女性如果能发挥自己的特点，就能更加轻易地打开孤僻者的内心，同他们做朋友。

　　通常，孤僻者性格的形成，更多的是因为受到后天性的影响而逐渐形成的，特别是主客观环境中的负面因素，在孤僻者的性格形成过程中起到了非常大的影响，比如家庭暴力，来自社会的各种讥笑、嘲讽、指责等。总之，心理上的创伤和挫败感是造成一个人性格孤僻的主要诱因之一。需要指出的是，孤独者和孤僻者是完全不同甚至截然相反的两类人。从本质上讲，孤独者渴望外界的干预和影响，而孤僻者却拒绝外界的干预和影响。我们可以根据孤僻者的性格成因及特点，做出积极主动的整改和补救措施，以获取他们的感动与信任。

　　　　性格孤僻的人不善于与人交流，缺乏交际能力与技巧，即使面对自己非常想了解或者想探讨的话题，也常常开不了口。这时，你就应该成为彼此交流的发起者和实际操控者，学会主动地寻找话题，并认真观察对方的言行和反应。通常，只要你的观点和论述触及了他们的兴趣和喜好，他们肯定会表现出与平时相比更积极主动的一面。这时，你要以此话题为契机，深入全面地探讨下去，这非常有助于消除对方的抵触和戒备心理，让他们变得健谈开朗起来，至少与你在一起时如此。而且，探讨双方都有兴趣的话题，会帮助你们发掘更多的性格和价值观念的共同点，"物以类聚，人以群分"，如果让对方在你身上找到足够的共同点和类似的喜好，想不让他们与你亲近并且信赖你都难。

凌青青来自偏远山区，自从转到城里的学校，她就觉得有些不对劲儿。她不会说普通话，每次老师叫她读课文，就会引来全班的哄堂大笑。另外，她最怕上英语课，本来普通话就不标准，再加上很少接触外语，那发音别提多难听了。还有一点是她的穿着，同学们穿的都是时髦的牛仔裤、公主裙、帽衫什么的，特别洋气，只有青青一人穿着又破又旧的老款服装，简直就像灰头灰脑的丑小鸭，她一点儿都不敢跟同学站在一起。当大家谈论当红明星，谈论最新的电影时，她根本不敢插嘴，因为她听都没听说过，慢慢地，她越来越孤僻。

一次上语文课老师又让她读课文，她读得磕磕绊绊，再加上浓重的地方口音，引发了同学的不满，其中还有同学小声学她读书。当她读出一个明显的错误之后，同学们忍不住笑了起来。青青的泪水一下流了出来，她难过至极，再也忍不住了，一个人跑出教室。语文老师是她们的班主任，班主任看到这个情况后，就去找凌青青。找到凌青青之后，班主任温和地说："你不要难过，你学习很努力，也很真实，这是很多同学不具备的。"看到凌青青不是那么难过了，班主任说了自己的一段经历："我像你这么大的时候，有一次不小心玩耍，烫伤了手臂。从那以后，我的手臂上就有很大的一个伤疤。夏天的时候，手臂露在外面，同学们都嘲笑我，我就会很难过，也像你一样哭过……"

听到这里，凌青青觉得自己找到了倾诉的对象，她说："那后来呢，你怎么办呢？"班主任说："没怎么办，你不要害怕。同学们虽然笑你，但是他们不是恶意的，他们只是觉得新鲜好奇，无意间伤害了你。只要你平时多跟他们说话，多跟他们玩耍，熟悉了之后，你就会觉得他们也很可爱的。我当时就是不去管手臂上的伤疤，仍旧像以前一样跟同学们玩耍，时间长了，他们习惯了就不会再笑我了。"

凌青青听了班主任的劝导以后，开始试着跟同学们交流，慢慢地，她也变得开朗了。

凌青青的班主任就很会劝慰人，她先是设身处地地为凌青青着想，然后讲述自己的遭遇，消除凌青青的抵触和戒备心理，最后成功地鼓励了凌青青。

另外，性格孤僻者往往情感细腻，对外界刺激的反应非常敏感，这也直接导致他们总是喜欢胡乱揣测别人的"居心"，总是试图通过你的一句话或者一个动作、表情发掘"隐含信息"。因此，在与他们的交流过程中，我们要格外留心和谨慎，不要因为自己的无意之失，让即将到手的成果瞬间散掉。讽刺性甚至包括刺激性的言语都要尽量避免，容易让人产生联想猜疑的事件、绰号等也最好从你的话语中剔除出去，时刻注意你的措辞、口气及举止神情。这一点儿都不难，也一点儿都不过分，你只要意识到站在你旁边的人，是一个稍稍异于其他人的听众和观众就好，并将这种认识贯彻到你的言语中去。

第八章

机灵的女人会把"逆耳"话讲顺

"逆耳"的话顺着说

现实生活中，每个人都会因为一时疏忽犯下这样或者那样的错误，他们身边的人，就需要去劝导批评。但是，批评的方法如果太过生硬，就可能会引起对方的逆反心理。"忠言逆耳"，生活中常见这样的情景，本来你是为了帮助对方改正错误，结果却惹得双方都不开心。

> 女人在生活和工作中给人的印象一般比较弱小，如果生硬地指出别人的错误，可能会引起更强烈的反抗。因此，女人仅有为别人纠正错误的良好愿望还是远远不够的，批评的技巧也必不可少。

首先，批评之前先肯定。女性通常能够给人亲近感，如果能够在向别人提出批评之前，先顺从对方的心意，等消除了对方心里的隔阂，然后再提出意见，可能就会收到很好的效果。

李齐是某公司一位业绩相当出色的员工，最近他觉得一项具体的工作流程应该改进。于是，向部门经理提出了改进的建议，但部门经理很忙，根本就没有时间理会他。

李齐为了工作方便，就私自违反工作流程，自己摸索出一套方法来操作。主管发现后，严厉批评了他的自作主张。而他不但不改，反而认为主管是在和自己作对，于是就和主管吵翻了。主管将这件事报告给了经理孙倩，要求对李齐进行严惩。于是，经理把李齐找来进行了一次谈话。

孙倩先是给李齐倒了杯茶，然后让他叙述事情的经过。孙倩发现，李齐确实很有创新精神，虽然他违反了那项工作流程，但是并没有造成什么损失，而且他这样做也是为了公司着想。于是，孙倩先是对他的创新精神大加赞赏，并同他探讨关于那项工作流程的改进方法。孙倩语气温和，时不时还会问他一些专业方面的问题，这让李齐感觉受到了重视和尊重，反抗情绪渐渐平息下来，承认自己一时心急，违反了规定。

最后，孙倩问李齐多少罚金他能接受，李齐说："那就罚我这个月的奖金吧。"孙倩说："你违反了规定，没有和主管协调好，所以，我决定罚你奖金的一半，但是，你可以弥补的。如果你改进的工作流程经过完善，能够为公司带来效益，我还会奖励你，奖金数目会超过扣罚的数目。"李齐听后十分开心。孙倩又说："不过你必须向主管道歉，你必须和他协调好，他是你的上司，以后你有什么想法都不能超过他。"李齐十分愉快地接受了。

事情过后，李齐改变了原来的傲气情绪，并和主管成了很好的朋友，工作热情大增。

在必须批评和处罚的前提下要掌握方法。李齐之所以愉快地接受处罚，最大的原因是经理孙倩采纳了他的意见，肯定了他的才能。孙倩很聪明地运用了朋友式的沟通方式与他交谈，先赞赏他的才能，然后才指出错误，让李齐自己认识到自己的错误，而且给他改正的机会。这样的解决方式是化消极为积极、化被动为主动、化处罚为奖励的高效解决办法。

试想，如果孙倩也像主管那样，只是强调李齐的错误，那么李齐只能被动地接受，然后消极地改正错误，这样不仅李齐心里会有怨气，公司也失去了改进工作流程的机会。

其次，要注意自己的语气和态度。我们要明白，批评不是目的，为对方好，让对方改正错误才是目的。因此，要让对方明白你的一番好意，就必须注意自己的语气和态度，一定要语气缓和，态度和善。

女人性情原本就柔和，如果能够利用自己的优势，让自己在批评别人的时候更加谦和诚恳、委婉温和，让对方感受到你的善意，可能就会马上改正自己的错误。

另外，要把握灵活性。批评别人还要根据对象的不同有所区别，也要选择适当的时机。不同的人由于成长经历、性格特征、性别年龄等的不同，接受批评的承受力和方式有很大的区别，这就要求我们要根据不同批评对象的不同特点，采取不同的批评方式。

比如，有的人大大咧咧，即使受到了批评也满不在乎；而有的人反应敏感、感情脆弱，脸皮薄、爱面子，稍微受到斥责就会难以承受；还有的人个性突出、自尊心强，你要是批评他们，他们就会觉得很没面子，当场就会跟你闹翻。因此，针对不同特点的人要采用不同的批评方式。

时机的选择也很重要。例如，当别人费了很大劲儿而事情最终没有办好的时候，最好不要批评他们。如果你站在旁边指指点点，说一些类似"看吧，要是当时听我的就好了"之类的话，即使你说的是对的，但对方心里却会产生"站着说话不腰疼"的反感，效果当然就不会好了。又或者说别人做错了什么事，心里正烦闷呢，你在旁边喋喋不休地数落对方的不是，这会让对方更加烦闷，不利于改正错误。女性温柔细心，善解人意，应该巧妙地选择批评的时机。

最后，一定要记得，批评的时候要就事论事，不要针对对方进行人身攻击。有的人喜欢贬低别人，抬高自己，这是非常不好的。如果对方是男人，他们会觉得让一个女人贬低自己，非常没面子，心里会非常窝火；如果你贬低的对象是女人，那就更加危险了，因为女性通常脸皮薄，她们受到了你的贬低，可能就会记恨你。因此，最好不要以比较的方式提出批评，这样很容易伤害对方的自尊心。

一位母亲这么批评自己的儿子："强强啊，你看隔壁家的王佳佳多有礼貌，学习多努力啊！你和人家同年生，还比她大两个月，怎么就不能向人家好好学习呢！"

儿子听了就调皮地说："哼，王佳佳什么都好，那你把我卖了，换成她就行了！"虽然童言无忌，但是也反映出了这种批评方法的错误。如果对方的自尊心受到伤害，我们的批评效果就是适得其反的。

在职场上，贬低式的批评就更要不得。要知道，人是最要面子的，而且，越是有实力的人越注重自己的荣誉，严肃的批评和惩罚会让人很不舒服，会给别人心理上造成一定的负面影响，所以，我们在批评别人的时候要给人留面子。

批评的话最好私下说

当身边的人犯了错误，脾气不好的女人就会忍不住大发雷霆，用尖锐的语言当面指责、批评对方。这种直接的方式可能会收到一定的效果，但是不利于长久人际关系的积累。经常言辞尖刻地批评别人，你就会慢慢发现，大家都不愿与你共事。

有的女人非常任性，得理不饶人，在人多的时候，不顾一切地去批评别人，比如她会说："你错得这么离谱，怎么说你好呢！"这话就等于在说：你真是让人难以接受。这实际上是一种贬低的语气，由于你的"不给面子"，被批评者会非常生气。

> 其实无论是男性还是女性，看到别人有了错误，心里都会生气，控制不住自己的言语，这时候最好先压制一下火气，等到和对方单独相处的时候再批评，即便是言语比较激烈，也不会造成太大的伤害，如果能够及时补救，负面影响就会降到最低。

后藤清一年轻的时候在松下手下任职。一次，后藤清一一时疏忽，犯下了一个不大不小的错误。松下对后藤清一期望很高，看到他犯错，非常恼怒。在其他部下面前，松下极力忍着火气，等到他和后藤清一一起到办公室之后，松下就狠狠批评后藤。松下非常激动，他不仅口不择言，还气急败坏地拿起一把火钳狠狠地敲桌子。

后藤被骂，心里十分难受，等到松下骂完的时候，他也是憋了一肚子火气。正准备出去的时候，松下却叫住了他："请等一下，刚才我气过头了，不小心将这火钳弄弯了。我老了，现在有点儿累了，你帮我把它弄直好吗？"

后藤听了之后，非常无奈。但是松下既然说了，他只好拿起火钳敲打地面。敲打的时候，他忽然觉得这样的敲打有助于发泄，于是，他也像松下那样狠狠敲打。这时候，他的心情慢慢平复了。当后藤把敲直的火钳交给松下时，他已经很平静了。同样平静的还有松下，他拿起后藤递给他的火钳，看了看笑着说："嗯，比原来还直，谢谢你啊！"后藤看到自己的上司笑了，心里也放松了不少。

后藤犯了错误，作为老板的松下肯定非常生气，但不能一罚了事。批评处罚不是目的，如果松下不给后藤留面子，当着其他员工批评他，就会两败俱伤。松下一开始没有管理好自己的情绪，将下属骂得狗血喷头，但是松下的高明之处就在于能够及时认识到自己的错误，在后藤临走的时候，让他通过敲直火钳的方法发泄了不满，再加上顺水推舟的一句赞赏，巧妙化解了后藤心里的怨气。

相比男性，女性更需要注意给对方留面子。因为，男性非常注重自己在女性面前的形象，被自己的女性领导或者女性朋友当面批评之后，会觉得特别没男子气概，特别没面子。因此，女性要更加注意批评别人的话语，不要伤害别人。

实际上，批评的真正目的是让对方改正错误，有所提高，而不是将对方批评得体无完肤，彻底地打败对方。那么，批评的时候就要为对方考虑，批评的方式和场合就显得尤为重要。如果我们不分场合地批评对方，被批评者永远只会怪罪于你，甚至会对你进行反击，来证明他的正确，维护他的自尊，而绝不可能反躬自省、承认错误。这样的话，批评的效果就达不到，只会损害你和对方之间的关系。

在上海一家物流配送公司的新闻发布会上，一位记者也和别人一样接受了一番招待，公司方面自然是希望这位记者报道公司的新闻。可是，过了好长时间，公司方面仍没见到这位记者的报道，公司的负责人很不满意。

负责这项工作的辛晓琪只好找到这位记者协商。两人相遇的地方是机场，当时还有很多其他记者在场。辛晓琪不顾在场的那么多人，愤怒地责怪对方："怎么没见你发稿？你怎么这样？你的文章为什么没写？你真是过河拆桥哦！"众人向这个记者望去，记者只得尴尬地回去了。又过了几天，辛晓琪再也联系不到这位记者了，报道的事情彻底泡汤。

辛晓琪的批评方式就非常不好，当着很多人的面数落这位记者，批评之后，两人的合作关系就算是正式终止了，这个结果显然不是辛晓琪想要的。如果当时她能够以温和的方式低调处理，那么记者很可能会想出办法，用另外的办法为辛晓琪的公司做宣传。

话语经常不留情，尖酸刻薄，这非常不利于人际关系的维护。要明白，每个人都是有自尊心的，众目睽睽之下被训斥是一件很没面子的事情。你不给别人留面子，别人心里或多或少都会有些别扭，别扭积累多了，也就不愿意和你交流了。所以，聪明的女人在批评别人的时候，会尽量私下里批评对方，给对方留面子。

当别人犯了错的时候，不要借着机会显示自己高人一等，也不要高声地叫嚷着好像要让全世界人都知道一样。聪明的女人知道，如果你直截了当地指出某一个人不对，不但得不到好的效果，还可能会伤害双方的感情。只有温和、有技巧地指出对方的不足，与对方一起寻找解决办法，双方才会得到一个满意的结果。

得体地提出自己的意见

在生活中，每个人都会遇到与自己意见相左的人。有时候，针对工作或者生活中的一些问题，如果别人提出了与你的想法不同的意见，你觉得对方是错误的，那就有必要申述自己的主张。当然了，前提是这些争端有意义，鸡毛蒜皮的事情就不要过多纠结。

> 提意见的时候，别人可能不会那么轻易地接受，这就需要你巧妙地组织自己的语言。如果你提意见的方式过于直接，让对方觉得难堪，效果想必不会太好；如果能够"润物细无声"，潜移默化地感化对方，就能收到想要的结果。

爱德华·豪斯上校曾是威尔逊总统的得力手下，他经常向威尔逊总统提建议，曾经对美国的内外政策产生过很大的影响。威尔逊总统也非常信任豪斯，经常向他征询意见，总统对他的信任，甚至超过了很多内阁成员。为什么总统这么信任豪斯，总是愿意听从他的意见呢？这与豪斯提意见的方式是分不开的。

他从来不直截了当地向总统提建议，而是间接影响总统的想法。豪斯曾说："我和总统关系密切之后，就会通过侧面提醒改变总统的想法。总统是个很有见解的人，很相信自己的判断。因此，如果想要他采用你的想法，那就最好不要直接说出来，不要试图说服他，而是装作不经意，向他顺便说出你的想法。他很敏锐，能够随时从你的话语中读出有用的信息。"

豪斯说："如果总统自己分析出了你的意思，他就会觉得这个主意是他想出来的，他当然会乐意采用。我第一次这样做时，就发现用此种办法提建议特别有效。有一次我跟他提建议之后，他没有表态，谁知道总统把我的看法当作他自己的观点说了出来，真是让人惊讶。"

豪斯提意见的方法就非常好，不专门提意见，而是顺便提出来，旁敲侧击地进行提醒。现实生活中，我们也应该向豪斯学习。

平时，我们提意见的对象大多是同事和领导，同事之间忌讳更少一点儿，主要是向领导提意见，一定要恰到好处，既不让领导觉得丢面子，又能够展现自己的才能。在这方面，女人要善于将自己的意见转换成问题，让老板重新审视自己的计划，自己发现矛盾的地方。比如，你不同意别人的计划，但是不需要直接说不同意，可以说："听起来实施这个计划会很复杂，是不是我理解得不透彻？"或者说："我记得你以前遇到这种问题的时候，不是这样做的……"有时候还可以说："你是忘记了这件事，还是你特意留下来，有什么用意吗？"

这些侧面的提醒，可以让别人重新审视自己的观点或者计划，但是又不会觉得你在挑刺儿。女性善于以柔克刚，更能够理解到这种委婉提意见的真谛，只要稍加注意，就能够让自己的意见变得非常顺耳。

在某电器公司的一次例行会议上，经理提到了公司产品质量问题，建议召回一部分产品，并提议加大审查频度。田红丽对经理关于产品质量问题的处理不是很满意，她知道问题并不是出在审查上面，而是由于原来公司制定的标准不合适。

于是，当经理征求大家意见的时候，田红丽说："经理说得很对，在产品质量方面，我们的确应当给予充分的重视，这是我们公司立足的资本。我非常赞同经理的意见，我们要超出经理的要求，提高审查的标准，然后严格按照标准审查。"

经理点点头，很明显经理已经对她的话有了很大的兴趣，田红丽接着说道："我们公司的员工一直都严格按要求工作，今后则要更加严格要求自己。如果真能这么做的话，一定能够尽早解决质量问题，公司也能更快发展。"

听了这番话，经理不断点头。会议之后，经理询问了田红丽关于审查标准的问题，田红丽告诉经理，公司的审查频度非常高，以前之所以出现问题，是由于标准制定得不好。经理采纳了田红丽的意见，并对公司的产品质量审查标准做了修改，但是并没有加大审查频度。

男人本就爱面子，如果有女人对自己指手画脚，心里就会有芥蒂，男领导在女下属面前就更加在意自己的威严了。因此，作为一个女下属，要考虑到上司的颜面，不管上司的能力如何，我们跟上司交流的时候，一定要注意用词，不要挑战上司的权威，不要显示自己的才能高于上司。争取先获取上司的共鸣，然后引导上司自己做出决定。

事实上，别人把事情考虑得不周全，并不一定说明他们没有能力。有时候他们可能太忙，一时疏忽，难免出现一些闪失。因此，我们即使发现别人的不足，也不要觉得自己就多聪明。言语上谦虚谨慎，到哪儿都是不会错的。向别人提意见之前，绝不要把自己摆在优越的位置上指手画脚，而是要委婉真诚。

学会说"不"

女人在日常交往中，心思更细，想得比较多，说话也就不够果断。如果遇到别人请求帮忙，很多女士即使难以做好，也犹疑不定，不想说"不"。这种犹疑可以理解，因为我们面对别人的请求，如果能笑口常开说"好"，那肯定是再好不过的事情。可是，毕竟我们的能力都有限，尤其是对方的请求确实超出了我们的能力范围之外时，无论我们多么想讨好对方，都不能过分强求自己，该拒绝的时候还是要拒绝。

或许，很多人会说："他是我朋友，他有事相求，怎么好意思拒绝啊？"是啊，面对朋友或者亲戚真挚恳切的眼神，我们总是难以找到合适的方式加以拒绝，唯恐因为拒绝的方式不恰当而使对方心生不满，影响相互之间的感情。这样的忧虑有一定的道理，但情况并没那么严重，只要你掌握了拒绝的艺术，你的拒绝就不会为你带来太大的人际损失。

拒绝别人其实就是对别人的请求说"不"，这个"不"一定要说得客气、友善，让对方觉得你是把他当成自己人，才会对他这么坦率。在这方面，好莱坞著名经理雪莉·兰辛就做得非常好。

雪莉·兰辛是好莱坞有名的女强人，三十几岁就成了好莱坞著名电影公司 20 世纪福克斯公司的总经理。好莱坞甚至专门以她的名字设立了一个奖项——雪莉·兰辛领导奖。雪莉·兰辛之所以能取得这么大的成就，跟她果决利落的做事风格密不可分。她不管处理什么事，行就马上说行，不行就马上说不行，绝不拖泥带水。

好莱坞著名经纪人欧文在谈及她时，说她每次看到一个电影剧本，都会很快给对方答复。如果她觉得不好，不愿意拍，就会直接告诉对方。不过，她在跟对方说"不"时，永远都是以朋友的姿态，绝不会损伤对方的自尊心。正因为这样，很多编剧虽然被她拒绝了，对她的好感却不减反增。此后，他们又写出新的电影剧本时，还会主动拿给她看。

> 不少人觉得直接对身边的人说"不"是件"罪大恶极"的事，实际上，真正"罪大恶极"的并不是"不"本身，而是你说"不"时的态度。如果你能像雪莉·兰辛一样说"不"，那你哪里用得着担心它是否"罪大恶极"？直截了当地说"不"并非难事，只要你有理有据，有足够坚定的立场，以及足够谦逊的态度，便能很容易地让对方接受。只是，中国人习惯含蓄，大部分人不愿意直接说"不"。这时，我们就需要掌握一些迂回曲折的拒绝技巧。

很多人抱怨"人情难拒"，尤其是在别人对你抱有很大希望的时候，拒绝别人的确是一件让人费心费脑的事情，因为如果稍不注意，就很可能会伤害彼此之间的感情。那么该如何说"不"，才能既让对方明白你的立场，也能充分保全对方的面子，避免对方产生挫折感呢？

拒绝不要立刻，语气尽量委婉

即便你马上判断出自己做不了别人要求的事，也不要立刻给别人泼冷水，这样别人会认为你根本就不想帮助自己，觉得你冷漠无情。当别人向你提出要求时，你应该先给予对方时间说明请求的理由和动机，让对方把话说完，否则只会显得你非常没有礼貌。试着倾听一下对方的要求和苦衷，然后再婉转地以真心实意的态度说明自己不能同意的原因。这样一来，即便别人遭到了拒绝，也会感受到你的诚恳，不会对你产生不满。

拒绝别太轻易，转变拒绝的方法

当别人在向你求助的时候，其实别人心里也是有几分为难的，毕竟求人是一件难为情的事。或许你的确在某方面帮不了对方，但是你可以选择另外一个可以替代的方法来帮助他。可能帮助的目的达不到，但是你可以尽自己最大的努力来为他提供达到目的所需要的条件。如此一来，你虽拒绝了别人原来的要求，对方还是一样会感谢你。

拒绝不要生硬，要保持和谐的氛围

当你拒绝别人时，一定不要言辞犀利，不要表现出不耐烦。这种做法会让对方觉得你十分讨厌和他相处，而且对他提出的帮助很厌恶。一旦形成这样不和谐的气氛，就会让彼此难堪，甚至让彼此的关系迅速冷淡。如果想要拒绝对方，你一定要想办法组织好自己的语言。

曾玲玲夫妻俩下岗后自谋职业，利用政府的优惠贷款开了一家土杂日用品商店，两人起早贪黑把这个商店办得红红火火，收入颇丰，生活自然有了起色。

曾玲玲的舅舅是个游手好闲的赌棍，经常把钱扔在麻将台子上，一段时间，他手气不好又输了。可他还想捞回本钱，就打定主意把眼睛瞄准了外甥女的店铺。一日，曾玲玲的舅舅来到了店里对曾玲玲说："我最近想买辆摩托车，手头尚缺5000块钱，想在你这借点儿周转，过段时间就还。"

曾玲玲了解舅舅的嗜好，知道舅舅喜欢赌博，而且十赌九输。借给他钱，无疑是打水漂，何况店里用钱也紧。曾玲玲想了想，就笑着说："好！再过一段时间，等我有钱把银行到期的贷款支付了就给你，银行的钱可是拖不起的。"舅舅听外甥女这么说，没有办法，自知无趣地走了。

曾玲玲不说不借，也不说马上就借，而是说过一段时间，等支付银行贷款后再借。这话含多层意思：一是目前没有，现在不能借；二是我也不富有；三是过一段时间不是确指，到时借不借再说。她的舅舅虽然吃了闭门羹，但毕竟不是很难堪。

拒绝的时候让对方看到你的同情心

拒绝别人的请求不要"口不择言"伤害对方，这会让别人觉得你一点儿同情心都没有。在拒绝的时候，如果不是什么棘手的事，最好面带微笑，并且态度保持庄重，这样才能使对方感到你对他的尊重与礼貌。如此一来，即使被你拒绝，对方也会觉得受到了尊重。

其实，助人为乐本来就是件好事，当你不得已拒绝别人的要求时，如果能够注意用点儿"拒绝艺术"，那么你就不会让拒绝的气氛变得尴尬，人际关系也不会受损。

不轻易许诺

因为女人更感性，结识朋友之后，很快就把对方当成知己，如果对方有什么请求，就会热心地表示愿意提供帮助。最终，事情办成了固然皆大欢喜，一旦办不成，难免落个说话不算话的坏名声。这就要求我们不要轻易许诺，平时说话的时候尽量给自己留余地。

事实上，凡事没有必然的定法，任何事情的发展变化都得有个过程，有的还得有一个相当长的演变过程。当事情处于发展变化初期，实质性的问题尚未表露出来，这就难以断定其好坏、美丑、利弊、胜负。这时，就需要等待、观察、了解研究，切不可轻易许诺，除非你有预知未来的能力。一旦不凑巧事与愿违，打包票的事情却做不到，难免会给自己带来不必要的烦恼。

　　邓菲的好朋友肖红急匆匆跑过来找她帮忙，还没说是什么事，邓菲就说："你慢慢说，不用担心，能帮你我一定帮你。"原来肖红有一个客户不签单，这个单子关系到她升职，她非常重视，但是想了各种方法都无济于事。后来，听说邓菲认识对方，就想让她帮忙促成这笔生意。邓菲听了之后一口就答应了，还说和那个客户很熟，很快就能搞定。

　　肖红走了之后，邓菲就有点儿尴尬了。她真后悔答应，可是拒绝的话又说不出口，如果不帮她，肯定会伤害她们之间的感情。于是，邓菲就硬着头皮去会见了那个客户。说是很熟，实际上只是见过对方一面而已，而且是在表哥的同学聚会上，还不知道对方记不记得自己呢。

　　和客户碰面后，虽然对方记得邓菲，但是并不是很热情。听到邓菲的来意之后，对方说道："这笔单不是我不签，的确是贵公司存在很多的漏洞，许多材料在构造上根本不符合我们的质检要求，而且我已经和另外一家公司谈妥了，下午就准备签约，咱们还是有机会再合作吧！"说完就走了。

　　这下邓菲傻眼了，该怎么和肖红说呢？就在这时，肖红打来了电话询问结果，当她得知对方拒绝之后，非常郁闷地挂断了电话。肖红虽然当着邓菲的面并没有表示不满，但在与其他同事谈心的时候也说了："邓菲就是不靠谱，害我被老板骂了一顿，还扣除了我这个月的奖金。要是办不到就直说啊，也许我想别的办法早就搞定了……"

本来是好心，结果却没有得到认可，这是因为邓菲不顾自己的实际情况，轻易许诺。我们遇到朋友请求，办不到的事情就应该直说，"来者不拒"只会让双方都受伤。哪怕是关系很好的朋友，如果他所求之事超出了你的能力范围，也不要轻易应允，否则一旦办砸，双方都会遭殃。因此，不要认为拒绝为别人帮忙会伤害大家的感情，实际上如果你答应了却办不到，恰恰是在帮倒忙，浪费时间不说，还有可能引起你和对方之间不必要的嫌隙。

> 很多事情是不能轻易许诺别人的，许诺之后很容易使对方产生消极等待思想，而我们自己又会陷入麻烦。一旦办不成，既会使对方心怀不满，又会影响我们的情绪和思想稳定。正所谓"践行其言而人不信者有矣，未有不践言而人信之者"。

真正的朋友之间是没有什么话说不出口的，如果你诚实地说出自己的难处，并真诚地和对方一起想其他的方法，相信朋友都会理解你。相反，如果你因为害怕朋友伤心，或者为了在朋友面前展示你的能力，就随便许诺，很可能会让事情变得更糟糕，从而引起朋友对你的不满。

可能有很多人认为别人开口求自己一次不容易，如果这时候自己答应下来，就能为自己营造出和谐顺利的人际关系。其实不然，由于不能拒绝而言不由衷地说"是"，事后，一方面会为勉强承诺而自陷困扰；另一方面会满怀厌烦和沮丧地做自己力不能及的事，到头来反而会更加损害你的人际关系。

如果你时常不切实际地许诺，时间一长，只会让别人感觉你这个人靠不住。如此下去，你的朋友就会越来越少。当然，我们并不是在提倡什么自私的心理，什么都得围着自己转。在别人需要帮忙的时候，还是应该伸出友爱的双手，前提是我们力所能及。

谢梦是某电视台广告部的业务员，她有一位表叔开了一家公司经销健身器材。一天表叔找到了谢梦，同她商量，想让谢梦在负责的节目时段给公司的产品做一下广告，广告费以产品的形式酬付。由于表叔在谢梦上大学的时候资助过她，谢梦就想马上答应下来，可是转念一想，这种做法违反台里的广告播出规定，于是谢梦委婉地对表叔说："这可能行不通，台里有明文规定，不付广告费是不能做广告的。不过，我可以帮您问问，看有没有什么优惠，或者哪个节目可以用您的产品做奖品。"谢梦的表叔知道了这是台里的规定，也非常理解，就告诉谢梦不要麻烦了，他有别的门路。

谢梦的回答就非常巧妙，既不许诺，又不轻易拒绝，不仅没有伤害自己和表叔的感情，也维护了单位的规定。在生活和工作中与人交往，许诺一定要有个度。不要因为出于礼节而让自己做出原则性让步，因为这样的让步会让自己得不偿失。

古训说："轻诺者，信必寡。"在朋友和同事中，如果力所能及，的确应该为别人提供帮助。但是，什么事情可以答应办，哪种诺言可以许，是有原则的。如果不考虑自身能力乱讲一通，事后却因种种原因不能使人如愿以偿，就会因"口惠而实不至"，导致"怨及其身"。

我们应该接受现在的自己，明白自己能做成什么事，那样就不会失信于人，有时候未承诺就把事情办了，反而能给别人一个惊喜。

第九章

适应职场环境，尽展伊人风采

面试时谈吐要自信、有主见

成为职场丽人，而不是相夫教子的家庭主妇，这已经是多数现代女性的人生定位。但是，需要承认的是，有很多女性在面试工作的时候，仍旧会遇到"特殊照顾"。因此，要想在职场上一展风采，女士们就要发挥自己的口才，征服面试官。

面试的第一项，一般是自我介绍。在面试的开始，面试官通常会让你进行简短的自我介绍，你要正视它的重要性，因为它是你推销自己的绝佳机会。好的自我介绍，会给面试官留下一个深刻而良好的个人印象，这对于你获取他们的青睐并取得面试成功非常有帮助。在自我介绍时，你要把握几个原则。

首先，发言简短而有力。面试官并不想听你的奋斗史，他只想知道你这个人有什么优点和长处、学历如何、社交能力如何、有无工作经验等。因此，你要投其所好，只讲他们想听的，开门见山，简明扼要，切忌口若悬河，毫无指向性地长篇大论。

其次，兼顾提到自己的优点和短处。自我介绍的重点的确是"炫耀"自己，但这并不意味着你就可以一味地罗列自己的长处。否则，你看起来越完美，就越给人一种不切实际的感觉。因此，你完全可以主动地提出自己的一些不足，同时第一时间表明你的进取心并提出整改措施，这要比面试官提问"你有什么缺点"好很多。当你直面自己的缺点时，面试官会感觉你是一个勇于承担并不断完善自我的人，这一点对你赢取面试很有帮助。不过，在谈论你的优点时，尽量不要提及与申请职位无关的方面，比如你面试一个绘画方面的工作，就没必要提及你的音乐能力。面试官一般没兴趣了解与工作无关的嗜好，而且更关键的是，没有原则性地展示你的优点，会让面试官觉得你缺乏缜密的逻辑思维，做事马马虎虎、粗心大意。

最后，要学会用实际的例子证明自己的优点。没有人不会夸赞自己，但须知，"夸赞"和"吹捧"很容易成为一组同义词，要让你的优点听起来更可信，最好的方式就是拿出实际的例子和证明资料。无论面对什么人，都要让优点看起来"不容置疑"。

自我介绍取得先机之后，接下来就是提问环节了。回答面试官的提问，是面试的重要环节之一。好的作答，不仅可以直接体现你的语言表达能力、逻辑思维能力，也可以间接地反映你处理问题的能力，面对人生的积极态度，而所有这些对你赢取面试官的好感和认同，均有着重要的作用。不要让你的话语背叛了你的真实愿望，努力做到以下几点。

言语流畅、吐字清晰。准确地传达你的意图和想法，是彼此沟通的基本要求之一。如果对方连你说的是什么意思都听不懂、听不清，也就谈不上借此判断你、了解你乃至信任你了。为此，你要控制自己的说话速度，适当提高嗓音，在确保面试官听懂了你的意思后，再继续阐述想法和观点。

条理清楚，简明扼要。即使你确实需要就某个问题深入讨论，也要确保在详细论证之前，提出你明确、清晰的观点和态度。原则上讲，你的发言越简短越好，这会让你始终围绕在一个明晰的主题周围。话语越多，越容易偏离思想和主旨，这不仅会让面试官不知所云，甚至包括你自己都会变得"雾里云里"。

要保证你的回答是切合问题的，避免答非所问。这一点并不罕见，如果面试官让你谈谈中国，你可能不会扯到美国，但如果面试官让你浅谈辩证唯物主义的基本原理呢？为了避免答非所问，你可以适时地征询面试官的看法，会让你迅速摆脱"答非所问"的局面。

要努力让自己的发言具有原创性，具有个人色彩。显然，面试官既然问你某个问题，肯定是希望你能给他一些异于他人的观点和看法。说出你所想就好了，不要一味地引经据典，很多情况下，那样做确实能够展现你博采众长的能力，但处理不当只会让你显得迂腐呆板，缺乏主见。

提到了说话内容本身的技巧，这里也要说一说说话方式的技巧，也就是我们经常提到的"谈吐"。必须承认，谈吐是决定一个人面试成功的关键之一，对面试官而言，优雅大方的谈吐及因此而产生的吸引力和感召力，是他们无法抗拒的。因此，你不仅要保证自己说出正确的话，而且要保证自己以正确的方式说正确的话。

很多女性在与人交谈的时候会有一些不好的习惯，参加面试的时候一定要注意。

首先，不要用口头禅。口头禅是一个人在长时间的处世沟通中形成的一种惯性语言，与个人的修养和阅历有关，比如"说句实在话""所以说""我认为"等。不过，它们虽然经常被挂在嘴边，但并不具有实际意义。在听者那里，"口头禅"通常会让你显得非常啰唆和做作。因此，你需要意识到这一点，并做出相应的改变。

其次，不要说一些与面试本身无关的事情，那会让你显得庸俗甚至幼稚。比如，不要突然盯着房间里的沙发之类的东西，并像煞有介事地问主考官那是什么牌子的。要学会机智灵活地组织你的语言。如果你能够让自己的发言神采飞扬、睿智机敏，同时又不至于显得卖弄学识，捏造是非，我们一点儿都不拒绝你的发言"天花乱坠"。无疑，这会帮你调动面试氛围，甚至让你成为面试的实际掌控者，你的气质会最大限度地赢得面试官的好感。

> 另外，不要随意拨弄头发。你的长发可能很飘逸，但是让它衬托你的美丽就可以了，不要拿在手里。拨弄头发可以给人一种若有所思的感觉，也可以给人一种想入非非的感觉，更可以给人一种受到蔑视和戏弄的感觉。

还有一点就是不要拉扯裙摆。面试过程中，出于裙子短、紧张等各种原因，很多女士都会不停地拉动裙摆。这种动作不仅会给面试官一种极不舒适的错觉，而且会让你显得浮躁、缺乏稳重感。解决这个问题的途径有很多，一点非常有用的忠告是：既然你总是担心自己走光，那为何不穿长一点儿的裙子呢？

女性面试敏感问题要妙答

具体到提问的问题，你则要学会根据不同的提问种类，巧妙应答，充分体现自己的反应速度、思维活跃性等综合能力，最大限度地获取面试官好感。有以下问题非常重要，我们需要进行具体分析。另外，有的面试官可能会提问一些比较敏感的问题，这时候一定要巧妙回答。

首先是一些普遍的敏感问题，女性思维比较感性化，尤其需要注意，遇到问题的时候要冷静、有条理地回答。

如果面试官的提问明显带有刁难的成分，比如"你是个专科生，而我们明明在招工启事上写着'最低学历本科'，你不识字吗？"面对这类问题，你一定要沉下心来，冷静而有分寸地说明自己的观点和想法，切忌满怀气愤地作答甚至当场"拂袖而去"。实际上，我们都可以看出，面试官是故意想通过这种棘手问题，考验你处理逆境和突发状况的能力。既然知道这是一个"坑"，我们就更不能往里跳了，千万不要做一个愤怒冲动的人。

如果面试官的提问密集而连续，你则要做到"各个击破"。比如，面试官可能会问你："你喜欢什么体育运动？你的朋友多吗？你一般喜欢和什么样的人打交道？"这些问题可能是相关的，也可能是不相关的，实际上，他是在考查你面对复杂问题的处理能力。有顺序、讲条理地作答，将很可能让面试官对你"刮目相看"。

如果面试官提问的是一个非常具体甚至能够用"是"或者"否"来回答的问题，你要言简意赅地做出回答，杜绝拖泥带水，模棱两可。

> 如果面试官的问题是一个开放的、没有标准答案的问题，比如"你的理想是什么"等，这时你就要保证自己有严密的思维逻辑，尽量全面客观地阐述自己的想法，并适当地推销自己，展现自己的优点，你是金子，就要让自己发光。

另外，有的面试官还会特别为女性面试者"加菜"，询问一些女性独有的问题。

例如，有的面试官在面对相貌姣好的女性面试者，或者看到面试者打扮得非常靓丽的时候，会问："你觉得个人形象和工作能力有什么关联吗？"遇到这种问题一定要注意，你不能直接说个人形象可以为你的工作加分，也不能说没有关联。你可以回答："工作期间，个人形象就是公司形象的缩影。我会努力提升个人形象，保持整洁、干练，为公司形象增光添彩。"还有一些特殊的工作，如主持人或者公司公关，会特别要求形象好、气质佳，这时候也有面试官会问："我们要求形象好、气质佳，你的长相不是特别突出，你觉得自己有什么其他优势吗？"关于这一点，著名主持人杨澜就应对得非常好。

据杨澜回忆，她最初到中央电视台面试的时候，竞争非常激烈，她在相貌上比不过其他女孩子。做主持人，相貌非常重要，杨澜一上来就没有了优势。可是杨澜坚信，自己一定能够获得面试官的青睐。上场之后，杨澜显得胸有成竹，她说："我虽然在相貌上有一定的劣势，但是我一直坚信自己能够成为一名出色的主持人。我的父母在给我起名的时候，用了'波澜'的'澜'字，就是希望我能够大气、优秀，取得大的成就。"然后，杨澜开始回答面试官的问题，在面试过程中，在场的人都被她清晰、流畅的语言和严密、犀利的观点打动了，在她回答完最后一个问题之后，全场非常安静，大家都震惊了。最终，杨澜如愿进入中央电视台，并获得了观众们的认可。

作为女性面试者，还要常常面对一个问题，那就是生活和工作如何抉择。生活中，女性一般都会为家庭付出更多的时间和精力，因此，很多面试官会直截了当地询问："你如何看待家庭和事业之间的矛盾？"这是女性面临的一个老问题，也实在是一个难题。直接回答没有矛盾，显然是虚假的，我们建议女士们这么回答：

"我认为不仅是女性，男性也要面临这个矛盾。当然了，女性在家庭中付出会更多一点儿，也就更容易受到这个矛盾的影响。但是，无论是家庭还是工作，女性的目标都是让自己活得更有价值。家庭被忽略了，或者事业被耽误了，这都不是真正有意义、有价值的人生。我相信，一个真正有能力的女性，一个真正有能力的工作者，展现出来的不仅仅是工作中的技巧，还包括协调各种矛盾的能力。我会合理调配自己的时间、精力，平衡好事业与家庭的关系。"

最后一个问题一般都是薪资问题。"通过面试中我们掌握的信息看，你的条件和我们提供的职位还是比较合适的，那么请问，你对薪资有什么要求？"薪酬问题几乎是面试中百分之百会谈到的话题，而且是一个焦点话题。对于这个问题的回答，将直接关系到面试的成功与否。

相对男性的直接明了，女性似乎更加羞于谈钱。针对此类问题，有很多女性求职者的回答是这样的："我觉得薪酬不是重要的，发展空间才是我看中的。"于是面试官同意求职者进入公司试用。但问题很快出现了，当用工单位要求求职者签约时，她们发现公司的薪资水平远远低于自己的预期，结果导致双方不欢而散。因此，我们说薪资是一个必须说清楚的问题。你要明确地向面试单位提出你的薪资数目抑或可接受范围。当然，你要避免你的回答过于直接和突兀，至少应该给自己留一定回旋的余地。通常，你可以这样回答面试官：

"我比较看重一个职业的发展空间和晋升机会，薪资并不是最重要的，只要在合理的范围内，我想自己都可以接受。但更重要的是，我的才学和能力是不是贵公司所需要的，我能否为公司赢取更大化的利益。"

这样，你既不至于显得"拜金主义"，又将薪资问题的关键归结到了你的个人能力上，给自己留下了足够的回旋余地。一个好的回答，可以展现你思维灵活、处事周全的一面，这会为你营造一种感染力，并最终为你的面试成绩加分。

当然了，职业女性不仅要展示自己的干练，还要适时发挥自己细心、温和的独特魅力。只要你能够在面试中更好地展现自我、完善自我，就能够感化面试官、征服面试官，最终达成你想要的结果。

多与领导沟通

女性早就摆脱了在家相夫教子的角色，越来越多的女性站在了各种岗位上。既然选择了某个职业，就要成为职场的女强人。想要在工作中有进步，和领导建立良好的友谊是十分必要的。如果你的领导成了你的朋友，他将会给你带来很多的机会。英特尔总裁安迪·葛洛夫说过这样一句话："不管你在什么样的公司，当你与领导交流时，都别把自己当作员工看待，而应该把自己当作公司的一分子。"在公司中也是这样，领导都喜欢能为公司着想的职员，因此，在与领导沟通交流的时候，一定要掌握沟通技巧。

> 现实中，有很多人在公司里总是和领导保持着一定的距离。有的是觉得领导高高在上，不敢轻易接近；有的却认为只要做好自己的事情就好，没有必要在领导面前露脸；还有的觉得跟领导说话压力太大。正是因为有了这样的一些想法，所以能抓住机会的总是少数人。如果你不想永远只做默默无闻的大多数，如果你想要让自己得到进一步的提升，一定要学会和领导说话，如果把领导拉进了你的人脉圈，相信你的成功之路会更加顺利。

刘小希进入公司已经两年了，她一直在寻找晋升的机会。最近，总部派来了一位女总监。刘小希认为机会来了，她本来就是一个对工作认真负责的人，而且能力也不差，只是缺少一个被提拔的机会。

虽然刘小希不是总监的助理，但是她只要有需要，就会跑到总监的办公室汇报当天的工作；每次单位开会，刘小希都会在恰当的时候递上总监漏掉的资料，总监对她的工作非常满意。周末，刘小希还会邀请总监到家里吃家常菜，这让独身在外地的总监非常感动。刘小希还经常陪总监去逛街，和她一起去看电影，让总监倍感温暖。

一个工作日的下午，刘小希和同事们商量："同志们，公司附近新开了一家川菜馆，咱们去拼桌怎么样？"到了晚上，同事们都陆陆续续到了饭店。刘小希是最后一个到的，手里面还捧着一个大蛋糕。同事们都以为今天是她的生日，只见刘小希微微一笑，走到总监的身边说道："今天是总监的生日，她在这边也没有什么亲戚朋友，就让我们来一起为她庆祝吧！我们的美女总监，生日快乐！"总监感到非常惊喜，没想到还有人记得她的生日。吃完饭，刘小希和总监一起离开了。从那以后，总监把刘小希当作知心朋友对待。

两个月之后，总监在例会上对大家宣布："我决定提升刘小希做销售部门的主任，希望大家能够支持她的工作。"

很多人对领导抱持敬而远之的态度，很少和领导进行沟通和交流。如果是这样，领导永远都不会知道你的想法。所以，你要试着向领导靠拢，不只要和他谈工作上的事情，如果有机会，还可以和他谈谈生活、谈谈家庭，这样更容易让领导对你产生亲近感。

当然了，领导毕竟是领导，你与领导交谈的时候一定要注意措辞，不要说错话。如果你的某句话冒犯了领导，就有危险了。

刘佳年轻富有活力、做事认真有干劲儿，进入企业不到两年，就成为公司里的骨干，是部门经理很赏识的一名员工。一天，公司经理把刘佳叫了过去："你进入公司时间虽然不算长，但看起来经验丰富，能力又强，公司开展了一个新项目，就交给你负责吧！"

受到公司的重用，刘佳欢欣鼓舞。恰好这天她要带几个人到附近的城市出趟差，刘佳考虑到一行好几个人，坐公交车不方便，人也受累，会影响谈判效果；出租车一辆坐不下，两辆费用又太高；还是包一辆车好，经济又实惠。

刘佳在拿定了主意之后，就先去和经理汇报。刘佳对经理说："经理，我们今天要出差，这是我做的工作计划。"刘佳把几种方案的利弊分析了一番，接着说："我决定包一辆车去！"汇报完毕，刘佳满心欢喜地等着赞赏。

经理却板着脸生硬地说："是吗？可是我认为这个方案不太好，你们还是买票坐长途车去吧！"刘佳听后愣住了，她万万没想到，经理竟然不同意这样一个合情合理的建议。事后刘佳大惑不解："没理由呀，只要有点儿脑子的人都能看出来我的方案是多么的正确。"

其实，问题就出在"我决定包一辆车"这句自作主张的话上。在上级面前，说"我决定如何"是最犯忌讳的。如果刘佳能这样说："经理，现在我们有三个选择，各有利弊。我个人认为包车比较可行，但我做不了主，您经验丰富，您帮我做个决定行吗？"领导若听到这样的话，绝对会做个顺水人情，答应她的请求，这样才会两全其美。

与领导交流，有几点需要特别注意。

首先，学会倾听领导。当领导讲话的时候，要努力表现得非常专心。眼睛注视着他，不要埋着头，必要时做一点儿记录。他讲完以后，你可以稍想片刻，也可问一两个问题，真正弄懂其意图。当你不同意领导所讲的话时，不要直接否定领导。你们可能是看问题的角度不同罢了。如果你认为需要纠正领导的话，最好用提问等委婉的方式表达出来。如果你的观点基于某些他不知道的数据或情况，要耐心解释。

其次，有的词汇一定要少说。有经验的职业人士很少使用"困难""危机""挫折"等术语，困难的境况可以说成"挑战"，并制订出计划以迎接挑战。在领导前谈及你的同事时，要好话多说，缺点闭口不提，否则将会导致领导质疑你的人品。

另外，在公司里，你与领导的地位是不同的，这一点要心里有数。与领导沟通是必要的，但不要使关系过度亲密，以致卷入领导的私人生活之中。与领导保持良好的友谊是你升迁的保障，但前提是要把本职工作做好，否则就会前功尽弃。

当我们走向社会，进入职场之后，人脉就会显得尤为重要。这时，一个人的工作能力都已经展现了出来，如果想要快速地实现自己的理想，就必须在人脉上更进一步，决定你能不能拓展人脉的，就是你的说话能力，你怎样与领导交流，怎样向领导汇报你的工作，这都是你升迁的助推器。

与上司谈话的技巧

与上级相处，是每个身处职场的人都要面对的一件事情。想要成为成功的职业女性，我们就要能够巧妙应对上司，说上司喜欢听的话，给上司留下好印象。在职场打拼，其实就是一个不断得到上级认同、肯定，从而不断升职的过程。如何成为上司眼中的得意部下，是很多人需要认真考虑的一件事情。在上司面前营造独特的形象或者说获取信赖的方式与技巧有很多，语言技巧是很重要的一个方面。女性要着重展现自己的善解人意和干练细心，给上司留下深刻的印象。

当领导找到你，并和你谈起企业面临的危机和竞争压力时，要学会从容不迫地应对领导，这会让你看起来非常自信，并让他们相信你拥有处理棘手问题的能力和方法；相应地，你要避免在谈话中出现

"麻烦""难以处理"等字眼，这无疑会让你看起来缺乏信心，同时对可能出现的意外情况缺乏对策。

接受命令和任务也是在与领导沟通时经常出现的情况。比如，领导可能会对你说："小王，我们公司的财务月报表正着急用，你尽快给我做一份吧。"这时，你需要隐藏小女孩的扭捏和柔弱，展现自己的干练，一定要让你的回答果决而充满行动力，"我立即去做"抑或"我马上处理这件事"是一个较好的回答，这会让你看起来充满斗志和工作激情，富有感染力和决断力。

> 对于领导提出的一些问题，如果你实在无法当面给予回复，也不要随意地回答对方。你要保证你的回答精确而有力度，比如，你可以这样说："让我好好考虑一下，30分钟后给您答复，好吗？"一个明确的答复，无疑会让你显得富有决断意识，令人信赖，切忌用"不知道"或者"我再想想"等之类的回答敷衍领导，这会让你看起来非常缺乏责任心与承担力。

还有非常重要的一点，就是要学会"认错的艺术"。身处职场，每个人都难免会犯一些或大或小的错误。在无法改变的失误面前，怎样才能最大限度地挽回领导对你的好感，树立自己的形象与提高影响力呢？

第一，要学会巧妙地组织语言，体现自己能言善辩、才思敏锐的一面，一个在面对危机时依旧能够保持镇定并通过言语巧妙化解危机的人，无疑会令人刮目相看。

南朝梁国有一位著名的谏臣，名叫萧琛，口才甚佳。一次，他受邀参加武帝萧衍的酒宴。席间，推杯换盏一番后，萧琛不胜酒力，醉卧在酒桌前。这一幕，正好被武帝看见了，于是，武帝颇有兴致地向着萧琛投了一枚冬枣，而冬枣不偏不倚，正好打在萧琛的头上。萧琛醉意正浓，恼羞成怒，抓起一个栗子就朝着武帝扔去。直到栗子砸在武帝脸上，萧琛才发现被砸的不是别人，正是当今圣上。一旁的大臣都傻眼了，武帝也一脸怒色。

危急时刻，萧琛灵光一现，急忙说："圣上投臣以赤心，卑臣自当以'战栗'来回报。"结果，武帝顿时转怒为喜，并对萧琛的机智大加赞赏，一旁的大臣也纷纷投以钦佩的目光。萧琛凭借自己的机敏才思，不仅消除了武帝的怒火，还获得了对方的赞赏和嘉奖，非常难得。

第二，要有足够的诚意，知错认错，坦率面对。一个敢于直面个人错误的人，是令人钦佩的。某些下属在犯错之后，会竭力避免与上司正面对话，他们以为如此就可以在一定程度上掩盖自己的过失，消减上级愤怒与责罚的程度，但这显然是一种自欺欺人的手段，不仅不能使你逃避过失，反而会让你在上司眼中成为一个无担当、怯懦的人。相反，如果你能够直面领导，清楚地说明事情的原委，则会让他们感觉到你是一个敢于承担、直面困难的人。如此，得到领导的认同和好感就是水到渠成的事了。

与上司的交谈并不是越多越好，而是有原则地说话，用最少的精力获得最好的效果，展现自己的工作才能和优秀品质。有什么样的原因，才会有什么样的结果，让领导了解你行为的具体原因，他才会更好地理解你。这是一门很微妙的艺术，一旦你参透它，你的事业之路就会越走越宽。

怎么开口让老板为你加薪

我们无论在哪一个公司工作，最重要的目的之一就是赚钱，没有谁愿意长时间无偿为公司劳动。因此，工资的高低是每个职业人士都关心的问题，加薪也是多数职业人士的梦想。但是谈到加薪，很多人却不知道怎样说出来？正所谓"想想是种幸福，要做却有压力"，尤其对于资历尚浅的职场新人而言，加薪更像是一个可望而不可即的梦。老是想着，又不敢跟领导提。

事实上，加薪并没有那么难。只要你工作做得好，能够为公司带来很好的效益，老板还是愿意为你提高薪水的，之所以你的薪水没有变化，可能是因为老板事务繁忙，忘记了，或者是老板对你平时的表现并不了解。这时候，你需要巧妙地提醒老板，是时候加薪了。

女性员工提出涨薪会更加容易，因为相对男性员工的羞涩和爱面子而言，多数女性在公司的日常交际中比较主动，也更加靠近领导。另外，女性给人的印象一般都是柔和的，没有很强的攻击性，说起话来更容易让人接受。当然了，真正见到老板，谈到薪水问题的时候，还是需要一些技巧的，免得双方尴尬。

杨小林在北京一家公司工作，本来谈好过了前三个月就给涨工资的，但是三个月过去了，她的工资仍然没有任何变化。于是，杨小林决定提醒下老板。她原本比较生气，觉得自己被骗了，想要去找老板理论。但是，跟自己同一宿舍的同事提醒她："可能是老板忘了，你要是这么生气着去说，不就等于辞职吗？"小林听了之后，意识到自己不能说得太直接，应该委婉地暗示下。

于是，趁着向老板送材料的机会，杨小林问道："王总，有件事，我想问您一下。"老板说："哦，你来公司这段时间我也没详细跟你聊过，有什么话，你尽管说。"杨小林一看机会到了，就说："我来公司已经四个月了，但是我的工资与刚来的时候没有变化，原本说好了三个月后涨工资的，我就想问问是不是我的任职日期填写错了。"其实，杨小林知道，人事部门给她办手续的时候，日期是仔细核对过的。老板听后，拍了拍头说："是啊，我也觉得你来的时间不短了，我帮你问问，明天跟你说。"

第二天，老板就找到杨小林，对她说："真是抱歉啊，其实你的工资上个月就应该加上去了，只是财务部跟人事部之间的手续没有交接好，以后有什么事如果我忘了你可以提醒我一下，不要有什么顾虑，公司的制度在这里。"

你明明该得到加薪的时候，老板没有给你加薪。这时候，不管是老板一时疏忽忘记了，还是有意推诿，都不要直接说出来，不妨为老板找一个台阶。让他既有机会，又有面子地给你加薪，你也会如愿以偿。

男性比较理性，遇到薪水上的问题一般都会仔细考虑对策；女性则比较感性，容易冲动。一旦薪水该涨的时候不涨，不少女士都认为领导不给自己加薪是故意的，要不怎么自己工作那么拼命，加班那么积极，办事那么麻利，他就是看不见呢？我的业绩是明摆着的，我的成绩也是显而易见的，如果领导不是看不见，那一定就是在故意装糊涂。有这样想法的职业女士一定要注意，最关注你功劳的永远是你自己，正因为过分在意，才会觉得它那么明显。而领导需要关注的事情很多，他怎么可能仅仅把目光落在你的功劳上？我们需要做的是"把功劳给摆出来"，这样他才能看得更加真切、更加清楚。

事实上，也有一部分领导为了节省公司开支，即便他觉得该给你加薪了，但由于你没有主动提出，他也会顺理成章地认为你对目前的待遇很满意，"故意"马虎一下。如果此时我们能主动要求加薪，领导其实也没什么可反驳的。

周虹是个性格比较内向的技术员，平时很少说话，更不懂得如何跟领导打交道。她是单位里的技术骨干，可在她自己看来，自己每月领到的薪水远远配不上"骨干"这个水平。周虹想过要求加薪，但不好意思开口；也想过辞职走人，但又觉得太草率，毕竟领导对她的态度是很不错的。丈夫也不同意她辞职，并自告奋勇地要帮她去找领导谈。当然了，家人帮自己，只是说说而已，怎么能够让丈夫去谈！

经过一番准备和预演，周虹怀着忐忑的心情找到了领导谈话："我一直希望自己能够在事业上有所成就，但是到现在还是原地踏步。看到同学们都事业有成、买车买房，我却不知道怎样才能更进一步，您能告诉我该怎么做吗？"领导笑了："小虹呀，我们都对你的工作非常满意，目前也正在考虑给你加薪的问题，咱们公司还是很有潜力的，你在公司是骨干，也会有前途的！"

周虹没想到自己的要求能被领导认可，喜出望外。没过不久，领导将她的薪水提高了30%，超过了她的预期。

> 我们必须明白，向领导要求加薪并不丢人，而是我们为争取正当权益所采取的合理行为。如果领导因此感到不满的话，那只能归结为他的观念过于陈旧；如果领导因此"炒我们鱿鱼"，那我们正好借此离开一个不值得奋斗的地方。总之，必须将我们心中的障碍彻底清除，然后才能理直气壮地跟领导谈加薪。

当然，这种旁敲侧击的方法不一定每次都能见效，所以，我们应该多准备几招，根据不同的情况采取相应的措施，这样才能达到自己的目的。

首先，为了防止被领导问得哑口无言。在开口之前，我们一定要尽可能保留一些证据，用具体数据来证明自己为公司创造的效益。比如，我们曾经谈成了哪些项目，这些项目给公司带来的利润是多少，为公司缩减的成本又是多少。当然了，切记不要提到辞职，除非你已经找到了更好的出路，否则千万不要用辞职来威胁领导。

其次，要选择恰当的时机。如果老板这段时间心情郁闷，或者遇到麻烦，就先不要提出加薪。最好的时机是当老板沉浸在成功的喜悦中，或是他有什么喜事而使他轻松愉快的时候，再向他提出适当的要求，他就比较容易接受。

另外，还要了解公司的加薪时间。大多数公司是从第四季度开始做下一年的预算，因此，会在第二年的年初加薪。但不管什么公司，一般不会在年终加薪，所以，在年终向老板提出加薪不是一个明智的决定。

其实不管出于什么原因，也无论我们用什么方法，目的都是把要求加薪的信息透露给领导。要知道，精明的领导有时宁愿给一个敢为天下先的"激进分子"加1000块钱，也不愿给一个连工资都不敢讨的人加100块钱。

如果你觉得自己有把握让老板为你加薪，那么就巧妙地、有技巧地同老板交流自己的想法。万一老板认为你暂时还未达到应该涨工资的标准，或者因为公司目前的财务状况不佳，短期内没有给职员加薪的可能，你也不要失望，更不要自暴自弃。毕竟在公司工作，除了想要赚取薪水，我们还要提高自己，实现自己的价值。非常时期，不妨牺牲一点儿小利，等到公司渡过了危机，你涨薪的日子自然也就到了。

同事之间的言语交流

我们想要成为职场丽人，在职场站稳脚，离不开同事们的支持。同事之间关系越融洽，我们的心情自然会越好。相应地，大家的工作效率也会越高，而你也将更顺利地发挥自己的优势和长处，最终脱颖而出，迈向自己的梦想和辉煌。因此，我们要做一个讨人喜欢的同事。那么，究竟怎样与同事交流相处，才能在同事之间营造自己的影响力和感染力呢？

首先，要学会表达你的关心和体贴。女性一般都会给人以温暖贴心的母性感觉，因此，更容易通过关心体贴别人获得对方的好感。试想，有谁不喜欢关心自己的人呢？

这里的关心和体贴，一方面，体现在工作中，比如针对某个同事在技能或者工作熟练程度等方面的不足，你可以适时询问一下他的工作进展，有哪些困难，然后鼓励一下他，告诉他你也遇到过类似的问题。这无疑会在很短的时间内培养他对于你的认同和信赖。另一方面，体现在工作之余。除了工作本身，在公司里，每个人都肯定会有隶属于"个人生活"之列的活动。对此，我们没有硬性的义务去给他们提供帮助和支援，但如果你能够给予他们一定的关心，无疑比工作中的帮助更容易打动他们。而这并不难做到，比如，你可以在某个同事加班时，询问其晚饭怎么解决，或者看到谁状态不好，询问其是不是没有休息好。这些都是小问题，三言两语都可以带过，但是，你关切的话语会温暖同事的心，让对方对你产生一种感激之情。

其次，要宽容和大度。同事之间，难免会产生一些矛盾和摩擦，这是很正常的事情。对此，你需要以一颗宽容大度的心包容对方，尽量不要批评对方。工作上出了什么问题，只要不是原则上的，你都可以做出让步，主动承担责任，这可以替你营造一种亲和力与大度包容的感染力。

再次，要恪守言行。无论是在工作上还是在日常生活中，凡是答应同事的事情，一定要尽全力履行，一个信守承诺、恪守言行的人，无论在哪里，都会讨人喜欢。为了达成这种目的，一方面，我们要谨言慎行，对于自己没有把握的工作和事情，不要贸然夸口，冲动接受；另一方面，我们要培养克服困难的勇气与信念，直面挑战，充盈信心。

> 要与同事保持适当的距离。你们是同事，仅此而已。不要以为彼此离得越近，自己在对方眼里就越重要，越不可取代。要与你的同事保持一个合适的距离，亲而不腻，彼此信任而互不干扰。有的女性喜欢和别人分享自己心里的事情，与同事们交往的时候，常常无所顾忌，想说什么就说什么。这样的说话方式非常不好，尤其是在职场上。职场上人与人之间或多或少都有一些利益关系，如果你不懂得保护个人隐私，什么都与人分享，很可能会伤害到自己。

刘佳是一个工作起来比较认真的姑娘，但最近因为家庭矛盾导致她有点心烦，于是，刘佳就找同事们倾诉。时间一长，大家都知道刘佳家里的烦心事了。

在公司，刘佳能力是不错的，业绩也做得相当好。一次，部门决定在刘佳和另一个女孩之间选择一个作为提拔对象，结果，因为刘佳"家里琐事多，容易分心"而导致她与机会擦肩而过，升职机会被另一个女孩夺得。

还要学会运用一些办公室幽默。工作有其本身的严肃性，也正因为如此，它或多或少会给人带来一种压抑感，而这时，如果你能够适时展现自己风趣的一面，无疑会给你带来非同一般的魅力与亲和力，人人都乐意与能够令自己喜笑颜开的人待在一起，不是吗？

最后，要注意一点，那就是平时说话的时候要学会肯定同事的长处，多说他们的好话，切忌在背后议论同事的是非。工作环境中，每个人都注重自己的形象。如果能够经常被肯定，当然会非常开心，所以，办公室中的鼓励和夸赞能够收到独特的效果。一个懂得肯定对方的人，没有偏私，富有判断力，这种人会给人一种廉明公正的信服力。当然，这里所说的肯定同事、赞扬同事，并非谄媚抑或吹捧，而是让你学会发现别人的闪光点。在介入任何一件事情之前，都试着用积极肯定的目光分析对方的所作所为。善待同事，就是善待自己。

总之，在办公室环境中，很多语言细节的作用会被放大。女士们在职场上要特别注意自己的言行，不伤害同事，提升自己的业务形象，用一张巧嘴为自己的事业铺路。

学会表扬下属

工作中，我们经常会遇到一些"女强人"，她们能够解决工作中的大部分问题，比多数男同事都厉害。需要注意的是，这些能力非凡的"女强人"人缘大都不是很好。为什么呢？因为她们一路走来太艰难了，养成了凡事依靠自己的习惯，她们不愿意信赖别人，觉得自己能够解决一切问题。

这种有点儿偏执的坚强虽然让她们脱颖而出，成了职场上的强人，但是也孤立了自己。这样的"女强人"是孤独的，她们也很难得到下属们真正的支持。真正聪明的"女强人"懂得借助别人的力量，话语间充满对同事和下属的称赞，这样的称赞和信任为她们建立了人脉，她们不必那么费力，就能够将工作做得很好。

确实如此，每个人都不是万能的。古人有言："贤人君子，明于盛衰之道，通乎成败之数；审乎治乱之势，达乎去就之理。"对管理者来说，最重要的是要有自知之明和知人之明。只有看清自己和别人的特长，愿意和别人一起努力，共同承担责任，共同享受荣誉，才能以不变应万变，从容管理自己的团队。

聪明的管理者不会凡事亲力亲为，他们会拉近与员工们的距离，在提升个人魅力的同时，也让自己更受欢迎。

刘邦称帝之后，曾经在洛阳南宫设宴款待群臣。在宴席上，刘邦问群臣："大家知道为什么我刘邦能得天下，而项羽却得不到天下吗？"大臣们一听，还以为皇上要听奉承话，有的说"陛下仁义治军，所以所向披靡"；有的说"陛下会用人，所以天下之士都愿意帮助陛下成就霸业"；也有人说"这是上天的保佑，说明陛下是真龙天子，而项羽只是一介莽夫"。

刘邦微微一笑说："你们不要再奉承我了，我唯一比项羽强的地方就是我有自知之明。我知道自己在谋略方面不如张良，而治理国家又不如萧何，领军打仗不如韩信，所以，我就用他们来帮我做这些事情。他们都是豪杰，我能够得到他们的帮助才取得了今天的成就。其实，项羽身边也有像范增那样的贤才，可是项羽没有自知之明，觉得自己的想法和做法都是对的，所以他失败了。"

刘邦相比项羽并没有太多优势，但是刘邦懂得笼络人心，他在取得了成就之后，不会鼓吹自己，而是在公开场合夸赞自己的下属，这样的话语一定会让手下心里美滋滋的。

> 其实领导夸赞下属并不仅仅是一种语言技巧，也是一种心态的体现，真正关心下属的领导不会夜郎自大，以为自己一个人就可以搞定一切。很多管理者不明白这一点，他们喜欢在自己的员工面前吹嘘自己的完美、自己的优点。他们不知道，每一个手下都希望自己的闪光点被看到、被称赞。如果你只会夸耀自己，就会在不知不觉中与他人产生距离感，造成与下属之间心理上的生疏。

因此，领导要认识到赞美的重要性。当然了，赞美手下并不只是简单地夸奖而是要讲究技巧。

首先，赞美要足够真诚。领导在赞美下属的时候一定要有真诚的态度。如果领导的赞美不是发自内心，而是在敷衍和应付下属，那么下属就会认为领导不真诚，进一步就会对领导失去信任。而真诚赞美下属，则会拉近与下属的距离，增强彼此之间的信任，下属得到了赞美必定会再接再厉，创造更好的成绩。

其次，把握时机，及时赞美。通过赞美，下属能明白自己的工作能力和才干是符合领导要求的。下属受到了表扬和肯定，会有一种心理上的满足感。这种感觉能激励他们向上，朝着下一个目标前进。如果过早或是过晚赞美的话，则不会有这样的效果，反而会打击他们的自信心，让他们失去进取心。

最后，赞美要分场合。领导赞美下属还要注意赞美的场合。一般说来，领导喜欢在大会上，在全体员工面前表扬一个下属。但是，这种方法有时候会取得相反的效果，有的下属会因此产生心理负担。比如，他们会觉得领导是话中有话。在这种场合可以赞美人，只需要注意，赞美下属一定是大家都有目共睹的，比如，某某部门的小张业绩是全单位最好的。赞美这样的下属，是大家都能认同的。在多人的场合赞美，也能有良好的效果。

另外，领导赞美下属还可以通过间接的方式。比如说，领导跟一个不相干的下属谈话，其中就谈到了那些优秀的下属，这个下属回去之后，会将领导的表扬传到那些优秀的下属耳朵里。优秀的下属无意之间得到了领导的表扬，心里就会满足和高兴，之后会以更大的热情投入工作中去。这种间接赞美的方式，更胜过那些直接的赞美。

总之，一个优秀的领导都应该在赞美下属的时候讲究技巧，合理而巧妙地运用上述方式。这样一来，下属们在领导的肯定下，充分发挥积极性，更加尽心尽力。如此一来，你的部下就会更支持你，你工作起来也会更加得心应手。

应对下属的语言

做领导难，做女领导更难。女性秉性温和，在下属面前树立威信的时候会有先天障碍。如果过于温和，会让人觉得好欺负，难以服众；如果过于严厉，又会被员工们当作"灭绝师太"。因此，女士们要想当好领导，就应该深谙领导的语言艺术，既能准确表达自己的观点，又能让员工们觉得亲近，还能够树立威信。

一个好的领导，通常也是一个富有威慑力和向心力的领导，一个让下属紧密地团结在你周围的领导。要想成为一个好的领导者，就要学会营造属于自己的威严感和统治力。为此，需要注意以下几个方面。

首先，要学会"批评的艺术"。批评不等于指责，更不等于谩骂，你只需要指出对方的不足，并帮助他们改进就好了。对于性格外向的下属，你需要着重体现自己情真意切的一面；对于安静沉稳的下属，你需要体现自己理性安然的一面；对于性格相对孤僻和冷漠的人，你则要着重展现自己简洁明了、是非分明的一面。不管你采取什么样的措施和手段，都要让对方感觉到你是他的朋友，而非他的敌人，进而让他对你产生认同感和归属感。

李曼玉是一家工程公司的安全协调员，她的任务是每天在工地上巡逻，提醒那些忘记戴安全帽的工人们。开始的时候，她表现得非常负责。每次一碰到没戴安全帽的人，她就会大声批评，看到他们一脸的不高兴，她又会说："我这还不是为你好，对你负责，对你的家人负责？"工人们表面虽然接受了她的训导，但却满肚子不愉快，常常在她离开后又将安全帽摘了下来。还有一些工友说："一个女人，不好好回家带孩子，整天跑工地，懂什么呀！"

公司的一位经理看到了这种情况，就建议李曼玉换个方式去让工人们接受自己的批评。于是，当李曼玉发现有人不戴安全帽时，就热心地询问："师傅啊，是不是你们的帽子设计得不合理，戴起来不舒服？或有什么不适合的地方？我一个女人家，不是很懂，但是你们有什么问题，我一定会向上面反映的。"她还说："戴安全帽的目的是保护自己不受伤害，建议大家工作时一定要戴安全帽，如果嫌不合适，一定要换一个，否则很危险。"每次她都会以令人愉快的声调提醒他们，结果遵守规定戴安全帽的人越来越多，很少再像以前那样出现抱怨或不满情绪了。

其次，学会体恤下属。女性领导则要学会利用自己的女性特质，用温和的言辞关怀下属。如果下属有工作或生活上的困难，女领导可以像大姐一样热心问询，温柔安慰。这些言行都会帮助自己树立威信。

另外，女士们还要学着宽容一点儿。女性一般心思比较细腻，说话也比较感性。这些特点都是做领导需要避讳的，领导既然权力够大，气量也就要大。很多人都知道曹操奸诈狭隘的一面，但作为一个领导者，曹操也有其胸怀大度的一面。

官渡之战之前，曹袁两方的实力悬殊：袁绍手握十万精兵，以逸待劳；而曹操一方却兵寡粮薄，士气低沉。鉴于此，很多曹方将领都在暗地里私通袁绍，以求在曹军失利后能保全性命，投奔袁方。但不久之后，通过采取出其不意、避实就虚的战术，明显处于劣势的曹军奇迹般地扭转战局，并最终战胜了袁军。

在处理收缴的袁方文书里，士兵发现了己方将领的信件，但当他们把此事上报曹操时，曹操却下令部下立即把全部信件烧掉，当众陈言："战事刚开始的时候，我对胜利都不抱太多希望，何况我的部下呢？"曹操的话，让部下感动万分，他们纷纷宣誓，誓死忠于曹，再也不起易主之念。他的宽容与大度，彻底征服了部下，有力地拉拢了涣散的臣心，也为后来的真正崛起和称霸奠定了坚实基础。

> 作为领导，最重要的是要有包容心，要有气量。你的影响力就像一个大圈，包容心越强，这个圈子就越大。这一点，女士们要向男士学习，宽容一点儿，大气一点儿，赢得更多下属的支持。

最后，针对不同性格的下属，你要有的放矢地采取措施，进而从根本上俘获并感化他们。

有的下属性情暴躁，自控力比较差，容易与人产生矛盾和争执。

对于这种下属，你首先应该做到避免与他发生争执，在一些非原则性问题的分歧上，大可不必与他针锋相对，计较个没完没了。如果他在气头上，你就暂时把待解决的问题搁置一下，他的心理正处于一个缺乏理性的状态，充满厌恶和抵抗情绪，如果你执意和他理论，只会激化你们之间的矛盾。在他的心情平复之后，你再摆明事实、讲清原则，义正词严地指明他的过失并提出整改措施。在这种对峙过程中，你所体现出的严慈相济，将会给他带来一种神圣不可侵的威严感。

有些下属是典型的悲观主义者，对待新事物总是充满畏惧感，对任何富有挑战性的工作和任务都没有太大的信心。面对这种下属，你需要用自己乐观积极的心态打动他们，多给予他们一些鼓励与肯定，这会帮助他们增强自信心，并逐渐摆脱消极悲观的负面心理。这时候，你的乐观与鼓励就是一缕阳光，能够帮助他们驱散人生的阴暗面，并重新走到光明的世界里来。

也有些下属性情直爽，干起工作来也是雷厉风行，绝不拖沓。对于这样一种人，你要着重体现自己细心缜密的一面，因为这很可能是他们所欠缺的。培养自己的凝聚力与号召力有很多种方式，但让对方发现你身上拥有而他们没有的东西，无疑是一种很见效的方式。

还有一些下属性格怪异，言行举止都异于大众，他们往往具有一定的能力，做出过一些业绩，但多多少少又有些高傲和自满。对于这种人，一味地压制和强迫是不会取得理想效果的，你要合理地展现自己宽容大度的一面。对于他们一些无伤原则的"过分举动"，你大可一笑了之。这时，你的宽容和释怀，就成为他们眼里最富魅力和感染力的品质，并让他们不由自主地归顺于你。

语带谦虚，把功劳让给别人

职场上的生存技巧是"多立功劳少犯错"，所以，多数人就会在与人合作时尽量多占功劳，尽量为自己积累资本。这种做法无可厚非，但是一定要记得，在你的功劳被肯定的时候，要会说感谢的话，不要有了什么功劳就扬扬自得，觉得自己最了不起，要学会感谢与你共事的人，与人分享功劳。

我们在电视节目上常见到这样的镜头：某人获得某个奖项，激动得哭了，发言时说："感谢领导、同事给我这样的机会……"即使获奖人年纪轻轻也不例外。其实，这是一种很好的说话艺术，非常适用于职场。

> 感谢别人，说得明确一些就是感谢领导、同事和下属。这其实是很自然的事情，你做了什么业绩，自然离不开大家的支持。要明白，不仅是你想要被肯定，职场上人人都想被肯定，如果你总是抢占功劳，就会威胁到别人。你的荣耀如果使别人变得黯淡，别人可能就会心生怨气。所以，当我们获得荣誉时，一定要试着去感谢他人，让自己的同事和领导觉得踏实，让下属觉得温馨。

蜀国覆灭之后，西晋名将王浚率军灭了东吴，使得西晋统一全国。按照当时的情况，王浚的功劳非常大，理应得到奖赏。但是，安东将军王浑却向朝廷告发，说王浚不服从指挥，皇上虽然没有明确表示对王浚的不满，但是对他冷漠了许多。王浚不服，便一再上书，说明当时的实际情况。晋武帝司马炎相信了他的话，对他进行了奖赏。

按说此事到此为止也就罢了，但王浚每一想到自己灭了东吴，反而被那些奸臣陷害，心里就愤愤不平。因此，他每次觐见皇帝时，都说自己的功劳是多么大，竟然有人冤枉自己，有时说到激动处，甚至不顾礼数就走出皇宫。这引起了皇帝的极大不满，因此冷落了王浚，不再召见他。

范通是王浚的亲戚，有次对王浚说："你的功劳是很大，可是你居功自傲，所以皇上也不会待见你。当初你凯旋的时候，应当马上回到家中，不要再提伐吴的事。如果有人问起，你应该说是皇上英明，我有什么功劳。这样皇上不但不会冷落你，还会对你额外加赏。"

王浚终于明白了自己受冷落的原因，以后低调了许多。每次别人提到他的功劳，他总是笑笑，将功劳平分给其他将领，并称颂皇上。这样一来，他的人缘也越来越好，重新受到了皇帝的信任。

王浚在表现好而受到肯定的时候，有一点儿得意忘形了，因此受到了皇帝的冷落。通过别人的规劝，王浚认识到了自己的错误，提到自己功劳的时候首先感谢皇帝，皇上自然心里好受多了。

如果我们这样说：真心感谢领导和同事们，能与你们一起工作是我的荣幸；感谢我的下属们，他们的不懈努力才成就了我的今天；感谢其他部门的同事们，是你们的协作支持，才使得我有了这些成就。这些感谢的话能够将功劳分给大家，会帮你挡掉很多攻击。

在某公司的年终总结大会上，老板刻意表扬了两个业绩较好的部门，给他们的部门领导颁发了获奖证书和价值不菲的奖品，并让他们上台发表感言。

第一个部门的领导一看就是已经有所准备，一上台就开始滔滔不绝地讲述他的领导哲学和经营方法。其间，还多次强调了自己为部门的贡献和部门为企业的贡献，令其他部门的领导和员工听了很不是滋味，自己部门的员工也多有不满。

第二个部门的领导一上台先感谢了各位领导，然后对自己的下属——表扬，并让他们上台接受大家的掌声。台上台下的反应异常激烈，老板也笑得合不拢嘴。

第二年，第一个部门的领导虽然还在带领自己的部门，不过有好几个员工辞职了；第二个部门的领导却已经晋升为副总。

这就是会说感谢的话与不会说之间的区别。也许很多人对言必及领导、同事和下属的人嗤之以鼻。这种想法是狭隘的，当你们有了属于自己的荣耀时，要懂得感恩与分享，不要让别人觉得你居功自傲，对你产生反感。适度地分享会留给别人一个谦虚谨慎的印象，你的品行也会得到大家的认可，何乐而不为呢？

沟通也是一种工作能力

现代社会强调的是团队协作。在工作中，我们每天都要跟同事相处，跟领导交谈，跟下级交往，跟其他人打交道。请示、汇报、安排、部署、检查、交流工作，这些都是家常便饭。因此，只有具备很强的沟通能力，才能有效履行"上情下达，下情上报，联系内外，协调左右"的职责。

所以说，在职场上，一个人的沟通能力与他的业务能力同等重要。除了跟沟通有关的职位，如外联，其他岗位的职工很容易忽视沟通能力。如果一个人从小到大，只知道自己闷着头读书，考试的分数就是一切，那么他即使专业能力再强，也很难拥有很融洽的工作环境。事实上，无论你在哪个职位工作，沟通都是一种至关重要的工作能力。

刘乐蓉刚进公司的时候干劲儿十足，得到了上司的赏识，但是，没多久她就待不下去了。原因是她脾气比较暴躁，经常趾高气扬，对每个同事都是爱搭不理的，从来不和大家沟通。在卖出商品之后，从财务、库管到维修，没有一个人会给她一点儿祝贺。这种孤家寡人的工作环境，让她很不自在。

后来，由于同事们都觉得刘乐蓉在工作中说话难听，慢慢地都开始孤立她，她的工作也遇到了很多障碍，最后只能递交了辞职信。

> 很多女性在工作中扭扭捏捏，甚至害羞不敢说话，这不是正常的工作状态。因为，职场不是你显示小女生情态的地方，而是显示工作能力的战场。既然选择走上职场，就要培养自己干练、果敢的作风，敢说、会说，为自己赢得支持。

当然，不仅是职场新人会在"沟通"这个环节上摔跟头，很多已经有了一定工作经验和成绩的职场人士，也常常在这个问题上犯难。而且，越是自恃有能力的人，越容易轻视周围的人，觉得很多事情一看就明白，根本没必要去解释和说明，最后自己成了孤家寡人。

孔子曰："三人行，必有我师焉。"人和人之间充满了差异，对同样一件事情的理解也往往并不是一样的。如果你不肯向别人学习，不主动与人沟通，就很难正确地认识和理解别人的行为和动机。而矛盾一旦出现，就会难以化解。

每一个人进入职场之后都希望得到领导的青睐和同事的支持，但是不知道你想没想过一个简单的道理，如果领导和同事们都不了解你，就不会青睐你，不青睐你，自然也就谈不上支持你。因此，要想得到大家的支持，首先就要让更多的人知道你，而沟通则是有效的手段。

每个公司中成为高层领导的人，都会特别地向下属强调沟通的重要。当你拒绝别人意见的时候，必须马上说明理由，而且理由越详细、越具体越好。表面上看起来这样浪费了时间，但是在未来的工作中，会由此减少了巨大的摩擦，总体上节省了很多精力。

当然，沟通并不是多说话，而是有原则地说话。

首先，沟通要有及时性。之所以强调及时沟通，是因为它能用最少的精力获得最好的效果。人的思维往往是一步步加深的，如果朝着一个错误方向前进，往往就会越想越偏激，矛盾就会在这种偏见中越积越深，积重难返。一旦误会和误解形成，隔阂就需要你用几倍的时间来完全消除。

其次，沟通时尽量把事情说具体。有什么样的原因，才会有什么样的结果，让对方了解你行为的具体原因，他才会更好地理解你。

职场沟通最主要的还是有效信息的上传下达，特别是汇报工作的时候，如果你总是似是而非，说不明白，可能就会造成误会，最终影响到自己的工作。

武汉一家企业组织员工去旅游，老板把现场组织工作全部委托给平常表现不错的李晓兰。到了旅游景点，李晓兰发现支出远远超出了当初的预算，于是她赶快打电话给老板，说预算可能要超出一点儿，老板听了也没在意，说超一点儿就超一点儿吧。结果到报销这次活动票据时老板发现许多项目的支出与以前签订的合同不一致，预算超出了一半还要多。租车费用提高了一倍，还列支了一笔500元的司机加班费，最令人不能理解的是竟然还有一笔公园门票税费。

老板把李晓兰找来，她向老板解释各项费用的开支理由，说前两笔开支是由于租车公司对实际距离估计不足以后调加的，门票税费是因为接待企业员工的度假村提供了额外服务而支付的报酬……但是老板强调道："你说预算只超出一点儿，到头来超出了一多半，你应该早点儿说嘛！"老板勒令她补齐所有额外支付的费用，并扣发了她的奖金。

过了没多久，公司又组织员工到外地培训，周日安排一次野外活动，老板也参与其中。老板在活动完毕后，安排李晓兰组织大家回下榻的宾馆休息，并交代李晓兰不要在宾馆内安排其他娱乐活动。

结果晚饭后有些新来的员工要求参加娱乐活动，李晓兰为了显示自己在公司的影响和地位，答应用公款给他们埋单。后来，在报销费用的时候又被老板发现了，当天在宾馆娱乐的员工还干了一些有损公司形象的事情，这件事彻底激怒了老板，老板二话没说，直接让李晓兰辞职走人了。

李晓兰一开始是汇报不准确，引起了老板的误会。但她不仅没有接受教训，还犯了更大的错误，在不汇报的前提下，组织员工参加活动。这两件事直接导致她丢掉了工作。如果她能够及时准确地向老板汇报情况，或许结果就会不同。

另外，沟通要有建设性，不要说很多无关紧要的话。很多女性在与人交谈的时候话很多，但是抓不住重点，絮絮叨叨，让人摸不着头绪。这种说话方式在职场上是很不受欢迎的，工作上的事情，交流起来就要一板一眼，简洁明了。女士们千万不要在工作场合大谈特谈家长里短的事情。

沟通是一种软性的工作能力，相对专业技能而言，提高的空间更大。女士们一定要学习工作中的沟通技巧，让自己成为职场上的说话能手。

第十章

成熟纯美，做个贤惠的好女人

对待丈夫，多鼓励

人们都愿意多听一些鼓励，对于一个男人而言，最能给自己力量的人莫过于自己的妻子。聪明的女人知道，要想让自己的丈夫变得更好，来自爱人的鼓励是多么重要。其实无论男女，都需要另一半的认可和鼓励。这会是一股强大的力量，支撑我们面对生活中的风风雨雨。但由于生理结构和思维方式的差异，女性的情感更加细腻，更能感知到另一半的情感需求。因此，鼓励另一半的角色，更多的时候由女性担任。这并非一种妥协，而是一种选择，一种聪明女人会做的，使家庭美满、婚姻幸福的选择。

2013年，李安凭借《少年派的奇幻漂流》获得奥斯卡最佳导演奖，他成为世界上少有的两次获奥斯卡最佳导演奖的导演。在谈到自己的事业道路的时候，李安着重提到了自己的妻子。他曾在一篇文章中写道：

古人说：三十而立。而我连自己的生活都还没法自立，怎么办？继续等待，还是就此放弃心中的电影梦？幸好，我的妻子给了我最及时的鼓励。

妻子是我的大学同学，但她是学生物学的，毕业后在当地一家小研究室做药物研究员，薪水少得可怜。那时候，我们已经有了大儿子李涵，为了缓解内心的愧疚，我每天除了在家里读书、看电影、写剧本外，还包揽了所有家务，买菜、做饭、带孩子，将家里收拾得干干净净。还记得那时候，每天傍晚做完晚饭后，我就和儿子坐在门口，一边讲故事给他听，一边等待"英勇的猎人妈妈带着猎物（生活费）

回家"。

这样的生活对一个男人来说，是很伤自尊心的。有段时间，岳父母让妻子给我一笔钱，让我拿去开个中餐馆，也好养家糊口，但好强的妻子拒绝了，把钱还给了老人家。我知道了这件事后，辗转反侧想了好几个晚上，终于下定决心：也许这辈子电影梦都离我太远了，还是面对现实吧。

后来，我去了小区大学，看了半天，最后心酸地报了一门计算机课。在那个生活压倒一切的年代里，似乎只有计算机可以在最短时间内让我有一技之长了。那几天我一直萎靡不振，妻子很快就发现了我的反常，细心的她发现了我包里的课程表。那晚，她一宿没和我说话。

第二天，她去上班之前，快上车了，突然，她站在台阶下转过身来，一字一句地告诉我："安，要记得你心里的梦想！"

那一刻，我心里像突然起了一阵风，那些快要淹没在庸碌生活里的梦想，像那个早上的阳光，一直射进心底。妻子上车走了，我拿出包里的课程表，慢慢地撕成碎片，丢进了门口的垃圾桶。

后来，我的剧本得到基金会的赞助，我开始自己拿起了摄像机，再到后来，一些电影开始在国际上获奖。这个时候，妻子重提旧事，她才告诉我："我一直就相信，人只要有一项长处就足够了，你的长处就是拍电影。学计算机的人那么多，又不差你李安一个，你要想拿到奥斯卡的小金人，就一定要保证心里有梦想。"

李安的妻子确实是他最重要的支撑之一，在李安心灰意懒的时候，她能够唤起自己男人心中的梦想，这也是李安在成功之后着重提到自己妻子的原因。

就像李安一样，很多男人处于困境的时候，很容易陷入迷茫，他们会怀疑自己的能力，会选择放弃自己的梦想。而优秀的妻子却能够帮助他们找回自己。逆境可以毁掉男人的手脚，但是妻子却能够给他们强烈的信念。有了信念，男人就可以拥有前进的动力，锲而不舍地向前进。

黎博辞掉了自己在政府部门的稳定工作，他喜欢写作，他希望自己能够在杂志社找到满意的工作，实现自己的梦想。但是，第一次登门面试，他就遭到了拒绝，但黎博并未放弃，他不断投简历，不断打电话，面试了一家又一家。然而，还是没有杂志社愿意聘请他。

一个月过去了，黎博付出了很大努力，但是仍看不到希望。长时间的失业让他心里很难过，他觉得自己很无能。就在他心灰意懒的时候，他的妻子鼓励他说："亲爱的，他们一定是觉得你没有经验，不相信你。但是，你确实很有才华，我相信你，你的文采总会得到明智的人的认可的。"

妻子的话让黎博觉得心里暖暖的，他又开始新一轮的面试。每天，妻子都会找机会鼓励黎博。"你穿上这身衣服看上去挺精神的，有点儿文化气息。""你的文章挺好的啊，他们一定夸你了吧！"

在妻子的鼓励下，黎博每天都信心满满地出发，终于，一家杂志社垂青了他。现在，黎博已经是杂志社的骨干编辑了，他与妻子的感情也历久弥新。

一个男人取得大的成就，离不开自己的女人在背后的默默支持。很多时候，当你的他丧失信心的时候，最需要的就是你的一句："我会一直支持你。"可能你无法替他们做什么实质性的事情，但是类似这样的一句鼓励已经够了，他们可能还会失败，但至少有了坚持奋斗的信念。因此，要学会鼓励自己的丈夫。

面对丈夫，不要吝啬你的赞美

大多数男人想在自己的妻子面前表现自己，都希望得到妻子的赞赏。这是一种很自然的心态，说明他们心里在乎妻子，在意妻子的感受。既然如此，女性在面对自己丈夫的时候，就不要吝啬赞美的话语。经常真诚地赞美你的丈夫，不仅能让他更开心、更有信心，还能促进你们之间的感情。

> 你希望自己的丈夫是优秀的，那就多找他的闪光点，把这些闪光点放大，他感受到了你的期望，不自觉地就会变成你所期望的样子。

袁丽和丈夫刚结婚的时候，家里条件不好。两人为了维持生计，时不时还得做兼职、打零工。有一次，丈夫想给袁丽买花，但是在县城里转了好久依然找不到像样的花店。这时候，他突发奇想，那就自己开花店吧！于是，两人筹钱开了一家花店。

花店开业之后，丈夫想了很多好点子，鲜花店的生意越来越好。袁丽除了平时帮助丈夫打理生意之外，还经常鼓励丈夫。别人称赞他们小两口能干的时候，她总是说："以前还不知道，原来我们家那口子这么能折腾！一开始我还想着他是三分钟热度，谁知道真挺下来了。他就是心眼儿多，我都不知道他都是从哪里学的，只要顾客走进来，他说一两句话就能明白人家的爱好，就能帮人家选出合适的鲜花。"

袁丽的夸奖总是让丈夫很不好意思，但是也点燃了他心里的火焰，他更加努力，不断拓展业务，花店不仅成了县城最大的一家店，还在临近县有了分店。

多数人有一种生活倾向，那就是下意识地按照自己喜欢的人的评价去改变自己，如果你发现自己的丈夫变得越来越差，那就要自我反省一下，是不是你经常对他说负面的话，影响到了他？如果你发现自己平时总是在数落他，就一定要改变一下自己的说话方式，多说他的长处，帮他把优点发扬光大。

想要称赞男人，首要的一点就是发现他身上的优点，即使你只看到很小的优点，也要郑重地称赞一番，让他从自己的这个优点上面吃到甜头儿，他就会经常表现出来自己的优势，希望得到你更多的认可。例如，他今天和你一起做饭，虽然做得不是很好，但是你一定要说："亲爱的，你挺有天赋啊！这几个菜这么难做，你居然一学就会。"这时候，他心里一定美滋滋的，下次有机会，很可能会抢着做饭。又如，当你下班回家，他给你倒了一杯水，你可以称赞他说："你真是太有心啦，刚好我口渴。老公，下次你回来，我也帮你端茶倒水。"这样次数多了，你们之间就会养成相互体贴的好习惯。

琳琳的老公喜欢美食，但是他不喜欢运动，于是，结婚之后越来越胖。现在，他的肚子都冒尖了。琳琳希望他减肥，但老公总是一副不屑的语气："我就爱胖，我就是愿意做一个幸福的吃货，你管得着吗？你想长肉，还长不来呢！"琳琳长得瘦，听了这话气得哭笑不得。

后来，琳琳老公的几个朋友迷上了打球，叫他也一块儿去。不到半个月，琳琳就发现老公明显瘦了一些，胳膊上的肌肉也有点儿型了，只是肚子还没怎么变。琳琳这时就夸他："看不出来啊，你还挺有肌肉的嘛！瘦多了，肚子如果能小一些，说不定还会变成肌肉男呢！再练几个星期，就能去参加选美了！"几句话说得老公心里美滋滋的。于是，他除了打篮球之外，每天还会去健身房锻炼腹肌，也会主动控制饮食，让琳琳少做些油多的菜。琳琳也在一旁添油加醋："你这段时间变化好大啊！等你过段时间去打球，他们说不定都不是你的对手了！"

就这样，在琳琳的诱导下，她丈夫在不到四个月的时间里，就减下去了十多斤，肚子也不像以前那么明显了。通过这件事，琳琳还掌握了说服丈夫的窍门，每当跟丈夫有什么分歧，她总是会先夸丈夫心胸宽、气量大，然后很容易就取得丈夫的支持。

琳琳是一个聪明的女人，能够将自己的丈夫管得服服帖帖的，她的秘密武器也适合其他女士运用。只要你的丈夫是在乎你的，那么，他一定会对你的赞美没有什么抵抗力，你在旁边"煽风点火"，他自然会朝着你期望的方向发展。另外，夸奖不仅是鼓舞丈夫向上发展的动力，更是婚姻关系的黏合剂，能够促进你们之间的关系。

那么，女人常用的赞美丈夫的话有哪些呢？

第一，"你是我心中的大帅哥"。你的丈夫就算长相一般，但既然能吸引你，就一定有他过人的地方。虽然他知道自己并不是很英俊，但仍然希望听到你的赞美，希望成为你心目中的唯一，如果他在爱情中变得不自信，就要告诉他"你永远是最吸引我的"。这样一来，你的丈夫就会更自信，你们之间的关系也会更加健康。

第二，"我喜欢跟你在一起"。恋爱的时候，情侣都巴不得时时刻刻在一起，但是结婚之后，由于鸡毛蒜皮的小事增多，说话稍不留神可能就会和爱人产生分歧，乃至引发不愉快的争执。但是，夫妻吵架大都是感情流露的一种方式，虽然吵吵闹闹，总归还是想要在一起的。"我喜欢和你在一起。"这句话算是一种很高的评价了，既然喜欢在一起，就说明在妻子眼里，丈夫还是优点多过缺点的，还是让自己觉得温暖和开心的。听到这样的赞美之后，丈夫也会不自觉地完善自己，让妻子更愿意和自己在一起。

第三，"我相信你的眼光和责任心"。爱美之心人皆有之，当你的另一半在街上被一位美女吸引住目光，你觉得他忽略了你的存在。其实他没有什么过多的想法，你要相信他。

每个男人都是不一样的，因此你的赞美的话也是不会跟别人雷同的，但是方向都一样，那就是给出积极的评价，引导他朝着你期待的方向发展。想让你的另一半是什么样子，那就用什么样的话去称赞他吧！

不要伤害丈夫的自尊心

生活中，有很多女人喜欢批评数落自己的丈夫，整天唠唠叨叨，鸡毛蒜皮的事情能说上一整天，每句话都是说男人的不对。这样的"碎嘴子"让男人非常苦恼。

男人不仅要养活自己，还要赚钱养家，因此生存压力比较大。这样的压力之下，他们会比较烦躁，需要的是妻子的鼓励和体贴。如果一个男人在外面承受了风风雨雨，满身疲惫地回到家里之后，迎来的是妻子无休止的数落，他是很难承受的。

还有的女人在数落自己丈夫的时候口不择言，什么样伤人自尊的话都说。男人最重要的就是自尊和面子，如果你伤害了他的自尊心，就会造成难以弥补的伤害，他就失去了对未来的期望，也失去了对你的爱。

妻子和老公一起搬到新疆，准备承包土地种植棉花。第一年，他们辛辛苦苦劳作，可是遇到了多年不遇的虫灾，棉花收成很差，入不敷出。一天，两人在屋里谈到这些的时候，妻子一直数落丈夫，说丈夫本来就不应该来新疆，没什么本事就不要逞强。丈夫当时正在桌子上兑药剂，听到这话之后脸色非常难看，但是他仍旧隐而不发。

可是，妻子的话越来越难听，丈夫索性放下了药剂，面无表情地看着自己的妻子，开始抽烟。

等到妻子说到丈夫连买药剂都不会买，买的不是药，而是可乐兑水的假药。丈夫站了起来，对妻子说："你再说，再说我就把这瓶药喝下去，让你看看是不是有毒，是不是能治虫。"妻子一听，瞥了丈夫一眼，嘲笑道："就你那能耐，你喝啊！你要是有这个胆量，也不会现在窝在这里抽烟。"还没等妻子反应过来，丈夫拧开瓶盖，把半瓶药喝了下去。

妻子当时就愣住了，她没想到丈夫会真的喝药。喝完药之后，丈夫笑着说："我不配做一个男人，下辈子我们一定不要结婚，不能耽误你。"妻子赶紧叫救护车，然后哭着说："你怎么这么傻！你为什么真喝啊？我错了，我以后一定不骂你了，你挺住啊，救护车一会儿就来了！"

最终，救护车及时赶到，丈夫获救了。但是，经过这一次之后，他们的感情也走到了尽头，丈夫觉得自己配不上妻子，决意要离婚。不久之后，两人就分开了。

女人数落自己的老公，管教自己的老公，这是比较正常的事情，但是要掌握好频率和火候。注意不要说些过分贬低的话。原因很简单，妻子是丈夫最亲近的那个人。婚姻里，夫妻二人是一定程度上的命运共同体，不管妻子还是丈夫，选择另一半都是深思熟虑的结果。从达成婚姻的那一刻起，彼此都成了对方最重要的那个人。朋友、亲戚，乃至父母，关系上都没有夫妻紧密。因此，外界的否定和挫折一个人也许可以面对，但如果枕边人也在不断地贬低和不认可，那很容易让另一半失去对生活的信心，找不到奋斗的意义。

苗伟和妻子恋爱的时候，觉得妻子非常善解人意，很会体贴人。但婚后苗伟才发现，自己的妻子好像一下子变了一个人，当初的体贴消失不见，取而代之的是没完没了的数落："你洗碗的时候，怎么总是不把外面的水擦干？""你的头发乱成什么样了，还不赶快去洗！""你洗个衣服需要这么长时间吗？这么久，做衣服都做出来了！""你为什么总喜欢把腿中跷起来，想当大老爷啊？"

妻子没头没脑地数落让苗伟觉得自己这也不对，那也不对，在家里的时候似乎手脚都没有地方放。苗伟刚开始还忍着，可后来妻子管得越来越多，苗伟实在忍不住，就生气地说："我要是那么差劲，你当初为什么跟我在一起？"妻子回答："我也是为了你好啊，做错了还不让说吗？你就只有脾气好这一个优点，现在也没有了。"就这样，妻子管得越来越多，批评也越来越多，苗伟感觉自己在妻子眼里根本是个一无是处的男人。

苗伟以前在公司的时候，做什么事都自信满满，深受领导的重视。现在，他做事的时候时不时都会想起来自己的妻子，脑子里总是会有妻子对自己指指点点的影子，这样做也不对，那样做也不对。于是，苗伟在公司做事也不像以前那么果断利落了。随着业务水平的下滑，苗伟甚至觉得自己的妻子说的是对的，自己确实没什么优势，无论做什么都做不好。

苗伟妻子的做法就严重影响了苗伟的自信心，他在妻子絮絮叨叨的数落下，真的就变成了一个一无是处的人。

> 数落老公是一种鞭策，绝不能损害他的信心，不能让他因此变得意气消沉。要知道，贬低老公的同时，你也是在贬低自己。

> 女人要学会塑造自己的丈夫，丈夫在你的支持和鼓励下意气风发，那么你也会变得更加靓丽夺目！

文芳带着老公参加同学聚会，大家聊着聊着就说起彼此老公的工作。文芳和一个同学的老公都是在网络公司工作，但收入却相当有差距。文芳说："你真是有眼光，嫁了一个有本事的老公，你看看我家这位，比起你老公来差远了！"说到这里的时候，文芳转向老公继续说道："看到了吧，你做得好不好不是行业的问题，是自己能力的问题，同一年工作，同一个行业，这就是云泥之别！"虽然这话是开玩笑的，但文芳的丈夫还是一脸尴尬。

上厕所的时候，朋友对文芳说："刚才我都想提醒你呢，你怎么能说那么伤人的话呢，我看你老公都不乐意了。"文芳说："那怎么了，做得不好还不允许我说了？"同学摇摇头："你这样说你老公很不好，每个人都有长处和短处，或许他比较顾家呢！以前我也爱数落我老公，说他不体贴，可后来我发现说了也没什么用，越是数落他越不愿意见我，后来我总是说好话，连哄带骗，现在才好多了。再说了，你也不能当着我们的面说他呀，他要是伤了自尊，没有了信心，我看你以后怎么办。"

文芳听了深受启发，再也不在外人面前说自己老公的不是了，反而是抓住一些优点，偶尔夸几句。慢慢地，文芳发现自己的老公变得自信了，做什么都很有把握的样子，事业也有了一些进步。

女人要做男人的贤内助，那就需要多给出一些鼓励和建议，而不是数落自己的男人，特别是不能伤害他的自尊心。如果你经常斤斤计较，处处挑剔，你的丈夫就会处于茫然之中，不知道该做什么。因此，女人一定要体贴一点儿，帮助自己的丈夫保持自信，让两个人的感情越来越好，让家庭越来越幸福。

丈夫失意时更要好言安慰

男人在外打拼，会有成就，也可能会有失意。一个男人失意的时候，最想得到亲人的安慰，妻子无疑是男人身边最亲密也最在意的人之一，因此，妻子的安慰对于失意的男人来说是非常有意义的。

有的女人觉得自己的丈夫没有本事，失败了也是自然，她们不仅不会好言安慰，还会冷言冷语讽刺，这种做法是不可取的。聪明的女人会安慰丈夫，让丈夫重新振作起来，让丈夫比以前更好。

其实很多男人努力奋斗，原本就是为了自己心爱的女人能够过得更好，这份心意非常难得，即便他失败了，女人也应帮他渡过难关。都说一个成功的男人背后一定有一个成功的女人，确实是这样，一个成功的女人，才能一直给自己的男人力量，让自己的丈夫越来越好。

著名企业家刘永好是农民出身，他刚开始不名一文，只是一所中专院校的老师。之后不久，刘永好和李巍相识相爱，结了婚。

一次偶然的机会，刘永好和三个哥哥在闲聊中谈到了当时卖得很火的鹌鹑蛋。兄弟四人越说越兴奋，决定合伙创业，养鹌鹑。1982年年初，四兄弟凑了一些钱，准备办养殖场。

为了节省成本，尽量多养鹌鹑，除了兄弟几个在新津的养殖场饲养外，刘永好夫妇还在自家的阳台上养了300多只鹌鹑。一开始，由于他们厂子的名声不大，鹌鹑蛋并不好卖。为了打开销路，刘永好只好上街叫卖。

附近的乡亲们知道刘永好原来是老师，都不理解他为什么放弃安稳体面的工作，没少嘲笑他，刘永好因此非常难过。一次，刘永好正在街上叫卖鹌鹑蛋，迎面走来了一群学生，刘永好认出这是自己原来的学生，顿时觉得非常尴尬，他把头埋得低低的。晚上回到家，看到阳台上的鹌鹑，联想到自己完全没把握开开销路，刘永好无精打采的。

妻子李巍看到刘永好这个样子，走过来就说："抬起头来！甭管别人怎么看、怎么想，经商并不下贱。"听了妻子的话，看到妻子因为操劳而疲倦的面容，刘永好心里一阵感动，顿时觉得自己充满了干劲儿。

很快，刘家兄弟的鹌鹑蛋有了销路，销售量直线上升。刘氏兄弟慢慢地也成了知名人物。2001年，刘氏兄弟成为中国福布斯榜上的首富，2009年，刘永好再次摘得福布斯中国内地富豪榜桂冠，他的个人资产总值为30亿美元。

谈到自己的丈夫，李巍自豪地说："男人有时候也像个孩子，当他的事业在蹒跚起步或处于困境的时候，他也充满了期盼和犹豫。妻子这个时候更应该像坚强慈爱的妈妈，在他摔跤的时刻扶起他，牵着他的手，给他最温暖的目光注视和最灿烂的笑容，一定要鼓励他走好每一步。"

李巍是一个成功的好妻子，丈夫刘永好能取得今天的成就，与她的鼓励是分不开的。

> 对于男人来说，奋斗的动力之一就是妻子的鼓励和安慰，如果他们从妻子那里得来的是讽刺挖苦，他们也可能会在这种打击下一蹶不振。丈夫失意的时候，你安慰鼓励，他就会鼓足勇气前进，可能很快就能重新站起来。如果你挖苦讽刺，他可能就会更加消沉，这样的消沉换来的也许是妻子更加凌厉的批评指责。这样一来，双方就会陷入一种恶性循环。不仅男人失去了奋斗的动

力，你们之间的感情也可能会渐渐消散。

所以说，聪明的女人知道，自己是丈夫的动力源之一，她们不会轻易否定自己的男人，她们一直相信自己的男人是最棒的、最出色的，之所以暂时低落，只是因为时机未到而已。

帕克斯是一个穷小子，他没有什么钱，也没有很高的学历。但是，他很幸运，娶到了一位有钱人家的大小姐。一般来说，如果太太家有钱有势，太太很可能会看不起丈夫，但帕克斯的太太从没有瞧不起他，而是非常信任他，还对他相当有信心。对于丈夫好的想法，帕克斯太太总是不吝称赞。

他们婚后最初那几年，太太家里拒绝资助他们，因此，两人的日子过得相当艰难。帕克斯失败过许多次，但太太从不埋怨他，每当帕克斯心灰意懒的时候，太太都给予他极大的安慰和支持。最终，在妻子的帮助下，帕克斯取得了成功，开创出了自己的一番事业。帕克斯开创了美国帕克斯货运公司，成为富甲一方的名人。

谈到自己太太的时候，帕克斯说："妻子的期望和持续的支持让我觉得每天都充满希望，我的妻子总是会说一些我喜欢听的话，即使是她在生病的时候，她也会问我'有没有什么事要跟我说？''你今天看上去很开心的样子，一定是公司运转得不错吧！'妻子的关怀和鼓励让我能够面对一切挫折，这就是我成功的最重要的原因。"

男人也有脆弱的时候，他们一般不会在外人面前表现出来，只会在最亲密的人面前显露出自己的脆弱。这时候，妻子就应该安慰他们，帮他们抚平伤口，让他们养好伤，重新充满活力地去战斗。

家是男人栖息的港湾，他们就像是远征的舰船，每当回到港湾，他们需要的是维修加油，需要妻子的温情抚慰。所以，不要吝啬你的温柔，给他最温暖、最信任的鼓励吧，带着你的温情，他才能走得更远、站得更高。

吵架就事论事，不翻旧账

夫妻之间关系再亲密，也毕竟不是一个人，总会存在这样那样的矛盾，吵吵闹闹在所难免。我们需要做的不是让吵架完全消失，而是将吵架带来的伤害降到最低。吵架的时候，如果就事论事，矛盾解决之后，夫妻双方的关系一般都会和好如初，但是如果吵闹升级，变成了人身攻击，伤害也就会升级，损害双方的感情。

女人与丈夫吵架，一般都是比较任性的。这其实没什么不对，因为家本来就不是讲理的地方。但是，即便是任性，也需要有个限度。假如你想要跟眼前的这个男人过下去，不打算分开，那么，吵架的时候尽量就事论事，不要翻旧账。因为一旦翻了旧账，双方很多年的分歧就会集中爆发，极有可能对感情造成较大的伤害。聪明的女人在与丈夫争吵时，会把吵架的焦点集中在眼前的事情上，以解决问题为目的，而不是非要把丈夫批得一无是处。

宁静跟丈夫结婚两年了，这两年，他们基本都是在无休止的争吵中度过的。宁静容易因为小事而生气，稍有点儿不顺心就会跟丈夫吵个没完。宁静的丈夫脾气并不坏，可是宁静每次都非要吵到丈夫认输为止。她有理也就算了，但往往是她没理，非要翻旧账，找出很早的时候丈夫做得不好的事情，大批特批。有时候，即便是丈夫已经认错了，宁静还不罢休，非要一口咬定是丈夫心里没有自己。宁静经常会说丈夫心里惦记着初恋："如果你跟她结婚，一定不会这么犟吧！你心里一直都巴不得我是她，对吗？"这样的理论让她的丈夫非常不舒服，好像自己确实做了什么理亏的事情一样。

一次，宁静的丈夫陪他的母亲去看病，因为医院人多，他们等了好久才挂上号。丈夫答应了宁静陪她买东西，但是等到看完病的时候，天色已经很晚了。还没到家，宁静的电话就来了，她大声质问："你去哪儿潇洒了？你根本不把我当回事呀！说好了一起去买东西的，让我等到现在。"丈夫态度温和地说："你误会了，我妈身体不舒服，陪她看病了。别生气老婆，我们再找个时间好好逛一次街。"

本来说到这里，这件事就已经完了。但是宁静却气愤地说："算了吧！这一次就当你是真有事，但是以前呢？去年圣诞节的时候，你就说陪我去旅游，怎么没去呀！说是同学聚会，还不是去看望你的初恋小情人啊！你要是心里没我，就早点儿说，咱们早点儿散伙……"任凭丈夫跟她如何解释，宁静就是不听，抓住这一点一直吵闹。本来母亲生病，宁静丈夫心里就难受，现在看到妻子丝毫不给自己面子，他大怒："散伙就散伙！"听了这话，宁静更生气，骂得更凶了，丈夫一气之下挂了电话。第二天，丈夫就跟宁静正式提出了离婚。

"翻旧账"是女人典型的坏习惯之一。有心理学家曾经指出，男女吵架的时候，男人的记忆只有半个小时。他们一般都是会回忆两人生气之前的半小时，找出自己哪里做错了，然后把话题集中到这里。也就是说，女人在与男人吵架的时候，如果"翻旧账"，男人一般都没有心理准备，也不愿意去谈。

比如说一个妻子，觉得很长时间以来，丈夫没有以前那么关心自己了，她心里就会有怨气，默默记住丈夫做错的每一件事。然后，某一天，妻子爆发了，丈夫说了一句话不对，她就劈头盖脸地骂。丈夫在这时候会赶紧回想：半小时前，下班接她回家，没错；路上主动给她买东西吃，没错；回家之后换拖鞋，没有把地板弄脏，没错；刚才只是说了一句晚饭想出去吃，可能错了。但是，就这一个小错误，至于这么生气吗？这种情况下，丈夫自然也会恼怒，你怎么心眼儿这么小，脾气怎么这么暴躁，这不是没事找事吗？

这就是女人爱"翻旧账"的原因，也是男人不喜欢"翻旧账"的原因。男人有不对的地方，妻子应该尽早指出，不要积累起来"翻旧账"，你觉得算总账更清楚明白，却忽略了男人更喜欢就事论事，随时解决问题。因此，聪明的妻子绝不会在吵架的时候"翻旧账"，她们一发觉矛盾激化，就会很快叫停，心平气和地解决问题。

忙碌了一天之后，雪丽拖着疲惫的身体回到家，她以为丈夫会给她一个甜蜜的拥抱，但是丈夫听到她开门的响声之后，头也没回，只说了声："回来啦？"然后，就自顾自地继续玩网络游戏。她很想与丈夫交流一下一天的情况，向他诉说工作中的烦心事，或是聊一聊其他有趣的事情都可以，但是每次回到家中，丈夫不是看体育比赛，就是玩游戏。

这次，雪丽终于忍不住爆发了，她生气地对丈夫说："我想跟你说话，你却每天对着电脑，不是玩游戏就是看球，我不知道你到底是怎么想的，我难道没有这些事情重要吗？"丈夫一听，立刻意识到自己的行为让妻子生气了，于是停下手中的游戏说："它们哪有你重要！"雪丽一听，想到以前的事情，继续埋怨道："我怀着娟娟的时候，你都没有真正关心我，每次她半夜哭闹都是我哄她，你跟没事人似的，难道就不是你女儿吗？"丈夫没有反驳，只是不住地点头，但听到这里，丈夫的脸色有点儿难看。雪丽说出这句话之后，就觉得有点儿失言，她顿了顿，说："当时你也累，我不埋怨你。现在孩子住校，就咱俩在家，我回来你也不跟我说话，我就觉得冷清清的。"

这时候，丈夫知道是因为自己不理妻子才惹恼了她，连忙道歉："我错了我错了，我只顾自己高兴，没有顾及你的感受，以后我不仅要分出来时间陪你说话，还要陪你看电视。请老婆大人监督！"雪丽听后，忍不住笑了，两人心里都是暖暖的。

雪丽是明智的，即便是无意间"翻了旧账"，也懂得马上停止。难道丈夫做错了一件事，你就要埋怨一辈子吗？如果是这样，那日子还怎么过？

> 夫妻间有争执在所难免，如果只是一件鸡毛蒜皮的小事，双方就应秉承一种就事论事的解决方式。一方只要说明引发不快的原因，并希望对方重视与改正，另一方也会拿出诚恳的态度接受批评。女士们在家庭生活中不要一直喋喋不休地抱怨，不但不给对方改进的机会，甚至采取蔑视对方的态度，把问题产生的原因归结于对方的个人品质或能力，这本身就带有挑衅的因素，争执势必朝着恶化的趋势发展。

心理学家建议，女人在对自己丈夫发怒前一分钟，一定要冷静一下，问自己两个问题：究竟是为什么生气？通过吵架能解决掉这个问题吗？回答完这两个问题之后再发火，除了生气的原因之外，不要牵扯以前的其他事情。这样的话，你的火气就会得到限制，也能够跟丈夫吵出个所以然，不至于伤害对方。

对待父母要尊敬温和

我们可能没有子女，甚至没有配偶，但是不可能没有父母。这两个世界上最疼爱你的人，总是无条件地付出他们的一切，只求你平安幸福地活在这个世界上。从呱呱坠地的那一刻起，他们就开始了一段不计艰辛的旅途，他们教授你能够想到的一切生存技巧和人生道理，看着你慢慢长大，就是他们最大的安慰。

但父母都会变老，终有一天，他们会变得行动不便，生理机能的改变仿佛重新让他们变成了"婴儿"，他们说话开始吞吞吐吐，走路蹒跚，开始容易忘记一些东西。他们需要你的呵护和关心，就像你年幼的时候离不开他们一样。

都说女儿是父母的小棉袄，这是因为相对男孩来说，女孩更能够理解父母，更能让父母觉得贴心温暖。因此，女性们在职场上干练坚强，在朋友面前优雅可爱，到了父母面前，言语中就应该充满关怀和敬爱。无论是面对父母还是与父母通过电话交谈，都要能够让父母感受到你的爱，感受到你的牵挂和不舍。

很多女孩子小时候被父母宠爱，养成了任性的脾气，长大后偶尔同父母讲话，也还是不改变自己的言语，动不动就说"哎呀，你们烦不烦啊"，或者说"我正忙呢，没空跟你说话"。这都是很伤父母心的行为。要明白，你小的时候跟他们犟嘴，他们并不会在意，因为他们还有能力照顾自己。当你长大了，他们渐渐感觉很多事情力不从心，就会从心里把你当作他们的依靠，如果你经常腻烦他们，他们一定会黯然神伤。

王晓月的父母都已经快60岁了，两位老人身体情况依旧不错，所以王晓月和哥哥平时也比较放心。王晓月的哥哥离家比较远，一年才回家两次。王晓月在相邻的市里工作，一两个月就会回家一次。

一次，王晓月的妈妈生病了，刚好王晓月当月工作忙，就没有回家。晓月妈妈的病不是很严重，在医院静养两天就可以。但是，看到病房里其他病人都有人探望，晓月妈妈心里就很不是滋味。她给晓月打了电话，说自己病了，在医院住院。说着说着晓月妈妈还哭了，说别人都有人探望，只有自己，连问询一下的人都没有，儿子和女儿都不在身边。晓月一听就急了，请了假就往家赶。

不巧的是，王晓月到达县城的时候天气突变，下大雪了。从县城回家的班车停运了，晓月一时回不去。但是，因为担心妈妈的病情，晓月租了一辆车往家走。因为快到家里的一段路被封死了，晓月还赶了十几里山路。

到了镇上的医院，晓月找到了妈妈。她关切地问："妈，你怎么样？"晓月妈妈正在喝鸡汤，面色已经红润了，本来就没有什么严重的病，经过几天休养，看上去比以前还精神。晓月妈妈回答："我没事呀，前两天闹胃病。"晓月的火一下子就上来了："没事你叫我回来做什么？这么大的雪，真是的！"晓月妈妈一听就也生气了："小病不能叫你，难道只能是快死了才能叫你吗？下雪了是不假，我怎么知道会下雪？"说完，又哭了起来。

晓月是一个孝顺的姑娘，但是跟妈妈讲话的时候太不注意了。老人让自己回家，即便不是因为生病，也是想念我们了，怎么能够埋怨老人呢？"树欲静而风不止，子欲养而亲不待"，人的衰老，包括时间的流逝，永远比你想象中的要快。

孝敬父母是不能够等待的。一定要时刻照顾父母的生活，尽一个子女应尽的义务。他们不需要太优越的生活环境，而是需要和我们交谈，需要我们关爱的话语，身体的衰竭已经让他们承受了足够的不便甚至痛苦，不要再让他们因为外界环境而面对更多的麻烦。与他们说话的时候，尽量专心一点儿，语气尽量柔软一些，如果不是原则性的问题，就不要违逆他们的意思。

女性还要运用自己独特的优势，让老人感受到温暖。如果听说自己的父母生病了或者身体不舒服，你要在听到这个消息的下一秒就采取行动。病痛正在加剧消耗父母的有生之年，一刻也不要等待，要陪在他们身边，温柔地安慰他们。

在与父母的任何一次交流过程中，一定要保持表情自然、恳切，说话要亲切、清晰。第一次开口时，一定要喊一声"爸"或者"妈"，这是对父母最基本的尊重，把它当作一个好习惯吧。几十年来，他们给了你所有的一切，而你需要做的只是说几个简单的汉字，而且一直是重复的，还有比这更离谱的交换吗？

给父母打电话的时候，不要不耐烦，动不动就想挂电话。哪怕感觉没有任何好说的也可以打电话，放心，父母对你的"骚扰"绝对不会介意。他们只想听听你的声音，知道你过得很好，他们就可以安心地睡上一个好觉。要时常询问父母的身体状况，做父母的私人医生，在家里给他们准备一个药箱，会用到的。

> 要学会与父母商量问题，尤其在面对工作、婚姻等重要决定时，父母的身体虽然一日不如一日，但头脑还是很好用的。而且最关键的是，他们提出的所有决策，都是本着让你取得最大化利益的原则出发的，即使他们的意见真的不那么合理，你也不要一味地予以否定甚至指责，耐心地解释给他们听，就像他们教你认识这个世界时一样，用心和他们说话。

人老了之后，不能再干太多的体力活儿，话语自然会多一些。如果你的父母喜欢在你面前唠叨，那说明你依然在他们心里面占据着最最重要的地位，他们恨不得亲自替你打理所有的事情。永远记得，不要顶撞父母，言语尊敬温和，成为父母真正的温暖柔和的"小棉袄"。

用引导、鼓励的话教导孩子

成为一个母亲无疑是一件令人激动和幸福的事情，但看着自己的孩子一天天慢慢地长大，母亲在满含幸福的同时，也肩负着越来越多的责任。怎样让这个崭新的小生命健康地成长，成为一个令你骄傲的"好孩子"呢？

作为母亲，最主要的是照顾孩子的生活，给孩子母爱。在学习和事业上面，孩子听从父亲更多一些。但是也不尽然，一般情况下，母亲和孩子相处的时间更长，孩子也更依赖母亲，因此，母亲的言行对于孩子也有着非常重要的影响。

那么，怎样才能教导好孩子，帮助他们构建正确的人生观，成为生活的主人呢？母亲应该怎样和孩子交流呢？

日常生活中，人们常常会提到"家长式教育"抑或"封建家长式教育"等说法。在类似的说法中，"家长式"通常被解释为这样一种意思，即一方强行要求别人按照自己的想法和意图行事，坚定地认为自己的观点和判断是正确的，并认为自己对对方有着无条件的控制权。显然，这种"家长式"的教育是不合理甚至令人无法容忍的。

"封建家长式教育"最大的特点就是灌输式。不给孩子独立思考的空间，事无巨细，不厌其烦地告诉孩子这也不对，那也不对，然后强行切割孩子的想法。这种教育方法是不明智的，只有引导孩子、鼓励孩子，才更能引起孩子的共鸣。

> 孩子对父母是不设防的，他们会把自己所有的想法原封不动地告诉父母，如果你总是带着一种否定倾向面对孩子，只会让他们的性格变得内向自卑起来。也只有悉心地倾听孩子的想法，父母才能走进孩子的世界，把握他们的每一次心理波动，并做出有益的指导。对于孩子提出的正确的想法甚至理想，一定要予以最大限度的支持，这对建立孩子的自信心裨益良多。

好孩子是夸出来的，其实孩子们最想得到的就是爸爸妈妈的认可，如果你经常夸奖自己孩子好的方面，他们就会很有信心。一定要记得，不要对孩子说负面的话，最亲近的人的负面评价，会让一个孩子一蹶不振。

小阳被妈妈带进了医院看心理医生。小阳妈妈一见到医生，就满脸忧愁地对医生说："我在生他的时候不太顺利，医院给他吸了氧。当时，医生告诉我说这孩子以后可能会出现智力问题。我当时还不信，现在看来可能是真的了。"医生询问道："有什么表现吗？"

小阳妈妈叹了一口气，说："我家阳阳今年8岁，别的都挺正常的，就是学习不行。我觉得是先天不足，因为他平时很努力，成绩却总是跟不上别的孩子，每次考试，他都是倒数。我觉得，这可能就是当时那个医院说的智力问题。"

医生继续询问："以前没有带他检查过吗？"小阳妈妈说："当然检查过，我已经带他去了好几家医院了，也做了很多检查；但是，每一家医院都说检查不出来什么问题。我真的不知道怎么办才好。"

医生转过头询问小阳有什么感觉，小阳想也不想就说："我比别人笨，别人听老师讲一遍就会了，我却怎么都听不懂，考试的时候看见试题就蒙了。"

小阳的"病情"医生已经了然于胸。他告诉小阳妈妈，小阳并没有什么智力问题，真正有问题的是小阳的妈妈。她总是说小阳智力有问题，时间久了，毁掉了小阳的信心，小阳觉得自己生理有缺点，不可能提高学习成绩，自然也就放弃努力了。

经过医生的说明，小阳妈妈知道了自己教育孩子的方法不对，于是尽量扭转自己的看法，经常夸奖小阳努力、认真。慢慢地，小阳的学习成绩有了进步。

孩子有了什么缺点，一定要指出来，但是千万不要在总体上给孩子差评。提到孩子，你可以说："我们家××啊，虽然平时有点儿调皮，但是做功课的时候非常认真。"孩子听了这样的说法，通常会更加认真，好让父母可以将这种好评继续下去。但如果你说的是"我们家××啊，一点儿都不知道学习，平时就知道玩"，时间久了，他也会觉得自己就是个调皮的孩子。

小孩子很容易受到大人的影响，特别是对于自己妈妈的话，他们总是非常认可。当母亲相信自己有能力做好某件事的时候，他的行动会更积极，信心会更高涨，这些都会让他们变得更好。相反，当他们听到家人对他们的负面评价时，行动就容易受到坏的影响。

作为孩子最亲近的人之一，母亲的评价对小孩子有一种定型的作用。因此，妈妈们应该学会夸奖孩子、引导孩子，用正面的话评价你的孩子，你的孩子就会不由自主地按照你的评价生长。

图书在版编目（CIP）数据

情商高的女人会说话 / 富强编著 . -- 北京 : 中国
华侨出版社 , 2024.1
ISBN 978-7-5113-8998-5

Ⅰ . ①情… Ⅱ . ①富… Ⅲ . ①女性－语言艺术－通俗
读物 Ⅳ . ① H019-49

中国国家版本馆 CIP 数据核字（2023）第 071529 号

情商高的女人会说话

编　　著：	富　强
责任编辑：	黄振华
封面设计：	冬　凡
美术编辑：	李丝雨
经　　销：	新华书店

开　　本：880mm×1230mm　1/32 开　印张：7　字数：166 千字

印　　刷：三河市华成印务有限公司

版　　次：2024 年 1 月第 1 版

印　　次：2024 年 1 月第 1 次印刷

书　　号：ISBN 978-7-5113-8998-5

定　　价：39.00 元

中国华侨出版社　北京市朝阳区西坝河东里 77 号楼底商 5 号　邮编：100028

发 行 部：（010）88893001　　传　真：（010）62707370

如果发现印装质量问题，影响阅读，请与印刷厂联系调换。